Julia Csabai

111 Orte in Sofia, die man gesehen haben muss

Mit Fotografien von Daliani Georgieva Georgieva

emons:

Bibliografische Information der Deutschen Nationalbibliothek
Die Deutsche Nationalbibliothek verzeichnet diese Publikation in der Deutschen Nationalbibliografie; detaillierte bibliografische Daten sind im Internet über http://dnb.d-nb.de abrufbar.

Gestaltung: Eva Kraskes, nach einem
Konzept von Lübbeke | Naumann | Thoben
Kartografie: altancicek.design, www.altancicek.de
Kartenbasisinformationen aus Openstreetmap,

Druck und Bindung: Grafisches Centrum Cuno, Calbe
Printed in Germany 2022
ISBN 978-3-7408-0862-4

Vorwort

Die bulgarische Hauptstadt Sofia ist aus ihrem Dornröschenschlaf erwacht und scheint in rasantem Tempo alles nachholen zu wollen, was sie seit der Wende verschlafen hat. Sie ist voller Energie, Kreativität und Lebenslust – so wird sie auch als das neue Berlin bezeichnet.

Sofia bedeutet: die Weise. Die bulgarische Hauptstadt, die diesen Frauennamen trägt, ist sinnlich und romantisch. Eine alte Lady mit bewegter Geschichte und schönen Geschichten. Sie steckt voller Überraschungen und Gegensätze. Die in die Jahre gekommenen Häuser sind mit junger Energie und innovativen Ideen gefüllt. Kommunistische Denkmäler treffen auf Kirchen aller Weltreligionen. Römische und byzantinische Ruinen wechseln sich mit den neuesten Graffiti der Sprayer-Szene ab. Das ständige Bimmeln und Quietschen der Straßenbahnen legt sich liebevoll über die Ruhe der zahlreichen Parks, den Lebensmittelpunkt vieler Sofioter. Eine moderne Metropole, in der die Folklore genauso zum Alltag gehört wie die Elektrobeats.

Und das Essen! Es fließt Mineralwasser auf offener Straße, und in den traditionellen bulgarischen Mechanas schmeckt es noch besser als bei Oma. Ergänzt durch eine kreative, moderne, urbane, ökologische und trendige Küche, die die Stadt zum gastronomischen Highlight macht. Umarmt wird diese alte Lady vom 2.290 Meter hohen Hausberg Vitosha. Im Winter ein beliebtes Skifahrgebiet, im Sommer locken malerische Ausflugsziele und pittoreske Ausblicke auf die Millionenstadt. Denn aus der Vitosha-Perspektive zeigt sich Sofia stets von ihrer Schokoladenseite. Sofia, eine der ältesten Städte Europas, ist die ideale Metropole für ein Potpourri aus Geschichte, Nachtleben, Kultur, Shopping, Natur und Wintersport.

111 Orte

1 Die +359 Gallery
Der Wasserturm von Lozenets | 10

2 Die älteste Galerie
Die Galerie der Kunstakademie | 12

3 Das A:part:mental
Wähle einfach ein Zimmer | 14

4 Die Banicharnitsa
Frisches Blätterteigoriginal: Banitsa mit Sirene | 16

5 Das Baron-Gendovich-Haus
Sofias erster »Wolkenkratzer« | 18

6 Das Battenberg-Mausoleum
Deutscher Adel mit bulgarischem Herzen | 20

7 Bei Nikar
Einmal um die Welt in Geldscheinen | 22

8 Die Bergbibliothek
Der Gipfel und die Geburtsstunde des Tourismus | 24

9 Der Biomarkt an der Wand
Die Produktparade an der Rimskata Stena | 26

10 Der Bitaka
Der Malashevtsi-Flohmarkt – mehr Balkan geht nicht | 28

11 Der Boyana-Wasserfall
Eine malerische Wanderung | 30

12 Die Brücke der Liebenden
Emotionen bei Smog und Stau | 32

13 Der Bulgaria-Saal
Außerordentliche Architektur und beste Akustik | 34

14 Die bunten Stromkästchen
Quadratisch. Bunt. Gut. | 36

15 Das Carcassone
Eine gemütliche Runde Brettspiel | 38

16 Die Chitalnyata
Ein Glaspavillon für Bücherfreunde und Touristen | 40

17 Der Club Peroto
Literatur, umzingelt von den 80ern | 42

18 Das Contessa
Das Agneshko und die Opfergaben für den Regen | 44

19 Das Crazy Diamond
Wohlfühlort und kulinarische Oase | 46

20 Das Culture Lab
Underground im Industriegelände | 48

21 Die DaDa Cultural Bar
Das Nest für die reine Kunst | 50

22 Das Dimitar-Dimov-Museum
Die Sammlung eines Universalgelehrten | 52

23 Das Doktor-Denkmal
In Gedenken an die gefallenen Mediziner | 54

24 Die doppelte Botschaft
Trickserei en der Geschichte – der Botschaftstausch | 56

25 Der Druzhba-See
Kakofonischer Froschgesang und herrliche Fotokulisse | 58

26 Der durstige Drache
Dinieren in märchenhafter Atmosphäre | 60

27 Der Empfangssaal
Ehemalige Staatsempfänge und sechs Kilo pures Gold | 62

28 Das Erdbeerhaus
Ein verlassenes Haus und seine anhaltende Magie | 64

29 Die Etage 8
Eine Galerie mit Vogelperspektive | 66

30 Der Frauenmarkt
Pulsierender Handel, heute nicht nur von Frauen | 68

31 Das G8-Kino
Der Ort für alternative Filme | 70

32 Die Galerie für eine Nacht
One-Night-Stand-Gallery – eine Nacht mit der Kunst | 72

33 Der Gedenkgarten
Meditieren im Rosengarten | 74

34 Der geheime Aufzug
Von Kommunisten verborgen, durch den Zufall entdeckt | 76

35 Das gekrönte Haus
Ein ehemaliges Gasthaus namens Tetevenski Han | 78

36 Die gelben Pflastersteine
Eine teure Rutschpartie | 80

37 Das Geld-Museum
Prägungen der Geschichte im Museum der Nationalbank | 82

38 Die Georgi-Markov-Statue
Ein tödliches Geburtstagsgeschenk | 84

39 Der geteilte Schädel
Partyzone im Schatten der Geschichte | 86

40 Der Gevrek-Stand
Der bulgarische Bruder des Bagels | 88

41 Die Glocken
Wo es die DDR noch gibt | 90

42 Das Grab von Seraphim
Gebete auf Papier | 92

43 Das Graffito Santa Dobri
Street-Art verziert die Sowjetplatte | 94

44 Das Haus mit den Titanen
Barocker Prunk auf den Rücken | 96

45 Das Haus von Sofia
Die größte bulgarische Tragödin | 98

46 Die Hinrichtungsstätte
Vom Todes- zum Aussöhnungsort | 100

47 Die Holzhütte auf dem Berg
Die »Hizha Bay Krustyo« – Zufluchtsort für Wanderer | 102

48 Das Honorius-Grab
Ein Zeugnis von Sofias bewegter Geschichte | 104

49 Die Horo-Tanzfläche
Ein Sonntagabend im Zweivierteltakt | 106

50 Das jüdische Sofia
Menschlichkeit, Mut und Entschlossenheit | 108

51 Das Kamanite
Ein Familienrestaurant hinter dem Garagentor | 110

52 Die Kirche des Schusters
Der heilige Nikolay von Sofia und sein Grab | 112

53 Das Kirchenmuseum
Die Ikonostasen von Sofia | 114

54 Das kleine Fünfeck
Der Hipster-Kiez Sredets | 116

55 Das Kloster Dragalevtsi
Malerischer Ort und absolute Ruhe | 118

56 Die letzten Klek-Shops
Auf Knöchelhöhe mit den Verkäufern | 120

57 Der Lieblingsblumenladen
Die Meisterin und ihre Margeriten | 122

58 Die Löwen ohne Zunge
Das zum Schweigen verurteilte Nationalsymbol | 124

59 Das Made in Blue
Sexy Urban Cuisine und ein altes Haus in Blau | 126

60 Martenitsi im Stadtpark
Wie man Baba Marta bei Laune hält | 128

61 Der Militärakademie-Park
Von Gewehrläufen umzäunt | 130

62 Der Mineralwasser-Brunnen
Warme Quelle am Straßenrand | 132

63 Die Mlekaria 75
Das unglaubliche Comeback des Lactobacillus bulgaricus | 134

64 Das Museum Slaveykovi
Und die Bank der Dichter auf dem Slaveykov-Platz | 136

65 Das Musikzentrum
Das Erbe des legendären Opernsängers | 138

66 Das neobarocke Meisterwerk
Das Flair vergangener Zeiten | 140

67 Das Nikola-Vaptsarov-Haus
Der Dichter und sein Glaube bis zum Tod | 142

68 Das Observatorium
Die erste Sternwarte des Balkans | 144

69 Der Ort für das Sofia-Selfie
Der »Ich war da«-Beweis am achteckigen Kulturpalast | 146

70 Das Peyo-Yavorov-Haus
Schauplatz einer dramatischen Todesnacht | 148

71 Pompöse Blumenteppiche
Die größte Blumenkomposition von Sofia | 150

72 Der Popa
Der Lieblingstreffpunkt der jungen Menschen | 152

73 Pri Krasi
Shkembe Chorba, die legendäre Katersuppe | 154

74 Das Rakovski-Stadion
Sportbesessene in der Geisterarena | 156

75 Die Regenbogen-Fabrik
Comics und Mekitsi zum Frühstück | 158

76 Das rote Haus der Lyrikerin
Die Grande Dame der Poesie | 160

77 Der rote Stern
Zu Besuch bei der sozialistischen Kunst | 162

78 Das Schneckenhaus
Keine Schönheit, aber charakterstark | 164

79 Der Skatepark
Urbaner Sport in der Studentenstadt | 166

80 Skifahren auf dem Hausberg
Wintersport mit einmaligem Panorama | 168

81 Die Slaveykov-Eichen
Die ältesten Bäume der Stadt | 170

82 Sofias schönstes Bauwerk
Das Aushängeschild der Belle Époque | 172

83 Die Sprayer-Metropole
Die Farbenflut von Sofia | 174

84 Die Statue des Satirikers
Aleko Konstantinov und Bay Ganyo | 176

85 Der Stein von Ivan Vazov
Der Vater der bulgarischen Literatur und sein Stein | 178

86 Die stille Oase
Der älteste botanische Garten Bulgariens | 180

87 Die Straße der Galerien
Kunst in der Tsar-Samuil-Straße | 182

88 Die Straßenbahnlinie 5
Einmal quer durch die Stadt und zurück | 184

89 Das Studio EW
Minimal Techno im Elektro-Club | 186

90 Das Sun Moon und Boza
Das Wunderelixier – man liebt es, oder man hasst es | 188

91 Die Sveta-Paraskeva-Kirche
Ein verborgenes Juwel | 190

92 Die Sveti-Sedmochislentsi-Kirche
Einst eine Moschee der Superlative | 192

93 Der Swimmingpool
Kunst rund ums leere Schwimmbecken | 194

94 Der Thermalpool am See
Cocktails im Mineralwasserbecken | 196

95 Der Treffpunkt der Dichter
Poesie unter Lindenblüten | 198

96 Die Ulitsa Georgi Rakovski
Die lange Straße der Sehenswürdigkeiten | 200

97 Die verlassenen Tribünen
Beste Aussichten und ein legendärer Ort | 202

98 Die versteckte Kapelle
Heiligtum zwischen Spielhalle und Wohnhäusern | 204

99 Die versteckten Gedichte
Poetische Schnitzeljagd durch die Stadt | 206

100 Das verwunschene Häuschen
Die Straßenbahnhaltestelle an der Ulitsa Vishneva | 208

101 Die Villa Rosiche
Eine Konditorei mit Omas Rezepten | 210

102 Das Vkusnoto Kebapche
Ein Original vom Grill | 212

103 Das Vladigerov-Haus
Ein musikalischer Schatz in Bildern und Noten | 214

104 Der Vrana-Park
Wo einst Elefanten hausten | 216

105 Die weiße Panoramabank
Die Seele baumeln lassen auf dem Dach der Welt | 218

106 Das Wohnhaus der Muse
Ausgangsort der Weltkarriere von Irina Maleeva | 220

107 Die Yan-Bibiyan-Statue
Der erste Fantasy-Kinderklassiker Bulgariens | 222

108 Das Yo Music
Schnell ein paar Balkanton-Klassiker abstauben | 224

109 Der Zentralfriedhof
Picknick am Grab in tiefer Verbundenheit | 226

110 Die Zlatnite Mostove
Ein Fluss aus Stein | 228

111 Die Zona Urbana
Ein Upcycling-Paradies, das es nur in Sofia geben kann | 230

1 Die +359 Gallery

Der Wasserturm von Lozenets

Der Wasserturm (»Vodnata Kula«) im Bezirk Lozenets ist schon von Weitem zu sehen. Umrankt von wildem Wein ragt er 27 Meter in die Höhe. Der Turm wurde aus Stahlbeton und Ziegelmauerwerk errichtet und war nach 14 Monaten Bauzeit ab 1929 im Einsatz. Das war auch notwendig, denn in den 1920er Jahren wuchs die Stadt Sofia, erst seit 1878 Hauptstadt Bulgariens, so rapide, dass sich die Bevölkerungszahl verzehnfachte. Die Stadt brauchte dringend Lösungen, um alle Bürger mit Wasser zu versorgen. Der Wasserturm mit seiner besonderen Silhouette hat sich mittlerweile als Wahrzeichen des beliebten Wohnviertels etabliert. Alle Versuche, ihn abzureißen, nachdem er nicht mehr gebraucht wurde, scheiterten. Zum Glück!

Heute beherbergt das historische Gebäude die »+359 Gallery«, benannt nach der internationalen Telefonvorwahl für Bulgarien. Sie ist eine Galerie für zeitgenössische Kunst, die 2007 vom Sammler und Kunstmanager Vladimir Iliev gegründet wurde. Sie zeigt jährlich acht Ausstellungen, organisiert internationale Künstleraustauschprojekte, Events und seit 2006 auch das Wasserturm-Kunst-Festival. Außerdem baut »+359« eine außerordentliche Sammlung zeitgenössischer bulgarischer und internationaler Kunst auf.

Der Ausstellungsraum ist einzigartig. Der 27 Meter hohe Innenraum, wo einst der Wassertank stand, hat ein Volumen von 100 Kubikmetern. Von hier führt an der Seite des Turms eine weiße Eisentreppe über die vier Stockwerke nach oben. Es ist ein besonderes Erlebnis, in dieser Umgebung auf Kunstwerke, Installationen und Ideen junger Künstler zu treffen.

Doch nach so viel Kunst darf man auch einmal an etwas anderes denken. Da der Turm einst auch als Wachturm dienen sollte, gibt es eine dafür vorgesehene Plattform. Wenn man Glück hat und sie betreten kann, wird man mit einer 360-Grad-Panoramaaussicht vom Feinsten auf die bulgarische Hauptstadt belohnt.

Adresse ul. Galichitsa 21, 1164 Lozenets, Sofia | ÖPNV Straßenbahn 10, Haltestelle ul. Milin Kamak | Öffnungszeiten Fr, Sa 14–19 Uhr | Tipp Direkt gegenüber ist das Café-Restaurant »Biraria pri Kulata« mit guten Gerichten, wechselnder Tageskarte, einem angenehmen Biergarten und Blick auf den Wasserturm.

2 Die älteste Galerie

Die Galerie der Kunstakademie

Die zukünftigen Künstler Bulgariens werden in Sofia an prominenter Stelle ausgebildet. Die Nationale Kunstakademie liegt im Herzen der Stadt, direkt hinter dem Parlamentsgebäude. Sie wurde in einem auffallend schönen rosafarbenen Haus im Jahr 1896 als erste staatliche Zeichenschule des Landes gegründet. Zehn Jahre später wurde sie in Nationale Kunstakademie umbenannt. Sie ist die renommierteste bulgarische Institution für die Ausbildung von professionellen Künstlern für bildende und angewandte Kunst.

Der Haupteingang der Kunstakademie befindet sich an der Nordseite des Gebäudes. Auf der gegenüberliegenden Seite, nahe dem Parlamentsgebäude, führt ein Eingang in die ebenfalls 1896 gegründete Galerie der Kunstakademie. Sie zählt zu den ältesten Ausstellungsorten Bulgariens. Dort werden vor allem die Werke von aktuellen und ehemaligen Kunststudenten und Professoren ausgestellt, die seit Gründung der Akademie entstanden sind.

Einige sind inzwischen bedeutende Künstler geworden, unter ihnen der Bildhauer Georgi Chapkanov, der durch seine Statue der heiligen Sofia bekannt wurde. Die Statue, die seit dem Jahr 2000 in Sofia auf dem Platz der Unabhängigkeit steht, ist inzwischen ein Wahrzeichen der bulgarischen Hauptstadt geworden. Noch bekannter ist der bulgarische Installationskünstler Christo Vladimirov Javacheff, den die meisten nur als Christo kennen. Er war ebenfalls Student der Sofioter Kunstakademie, bevor er mit seiner Frau Jeanne-Claude bei aufsehenerregenden Projekten wie der Verhüllung des Reichstags 1995 oder dem Aufstellen von 7.500 safranfarbenen Toren im New Yorker Central Park zusammenarbeitete. Die Galerie hat auch heute noch ein aufregendes Programm. Ihre immer wechselnden Ausstellungen sind thematisch vielfältig und bieten einen guten Einblick – sowohl in die vergangene als auch die aktuelle, vibrierende Szene der Nachwuchskünstler des Landes. Vielleicht entdecken Sie bei Ihrem Besuch ja einen »neuen Christo«?

Adresse ul. Shipka 1, 1000 Sofia Center | **ÖPNV** Trolleybus 1, 2, 4, 7, 11, Haltestelle Sofia Universität Sv. Kliment Ohridski | **Öffnungszeiten** Mo–So 11–19 Uhr | **Tipp** Wer mehr Lust auf Kunst hat, besucht das »Kvadrat 500« gleich in der Nähe. Der größte und neueste Ausstellungsraum der Nationalgalerie stellt seit 2015 auf vier Etagen in 28 Hallen nationale und internationale Exponate aus. Montag ist Ruhetag, sonst 10–18 Uhr; am Donnerstag kostet der Eintritt nur zwei statt zehn Lewa!

3_Das A:part:mental

Wähle einfach ein Zimmer

Ein altes hellgelbes Haus in einer ruhigen Seitenstraße der Innenstadt. Ein Haus, das wie viele nach dem Krieg verstaatlicht wurde und nach 1989 mehrmals seine Besitzer und seinen Zweck wechselte. Es beheimatete für kurze Zeit sogar die somalische Botschaft. Heute weht die tibetische Flagge im Eingang, doch sie deutet nicht auf eine diplomatische Niederlassung hin. Sie ist das Erkennungsmerkmal des »A:part:mental« – oder wie es jeder hier nennt: das Apartamenta (die Wohnung).

Der Name ist Programm. In der zweiten Etage wurden zwei große Altbauwohnungen zusammengelegt. Jedes Zimmer ist in einem anderen Stil eingerichtet: skandinavisches Design aus den 1970er Jahren, Asia-Style, ein farbenfrohes Potpourri … Die Räume sind reich dekoriert zwischen Kitsch und Trash. In den hohen Zimmern mit Kristallleuchtern stehen Sofas und Sessel. Die offenen Räume sind groß und gemütlich. Alles erinnert an eine Studenten-WG, in der jeder seine Sachen untergebracht hat. Natürlich auch seine Bücher und Brettspiele. Es ist ein Ort zum Wohlfühlen.

Tagsüber ist das A:part:mental ein Café, das auch Frühstück serviert, abends eine Bar. Die Preise sind etwas höher, dafür bekommt man hier Hausgemachtes, und zwar in Bio. Selbst gemachte Limonaden und Smoothies, ayurvedischer Tee, belgisches Craftbeer, hausgemachte Kuchen und Quiches. Auch dass es etwas langsamer zugeht, ist authentisch und wirkt, als wäre man bei jemandem zu Hause.

Das A:part:mental versteht sich als Kulturzentrum. Also gibt es hier auch Konzerte, Filmvorführungen und Ausstellungen. Getränke und Snacks holt man sich, wie in jeder Wohnung, in der Küche. Das gedimmte Licht verleitet zu gemütlichen Runden mit Freunden oder einem romantischen Couch-Abend bei Kerzenlicht. Zu später Stunde kann es allerdings voll werden. Dann werden sogar die Stufen des Treppenhauses (dort darf man rauchen) zur Sitzgelegenheit.

Adresse ul. Neofit Rilski 68, Sofia | **ÖPNV** Straßenbahn 10, 12, 18, Haltestelle Pl. Slaveykov | **Öffnungszeiten** Mo–So 10–2 Uhr | **Tipp** Einen kurzen Spaziergang entfernt in der ul. 6-ti Septemvri 26A ist der »The Factory« Art Shop. Ein fröhliches Geschäft mit vielen Ideen für Kleines, Buntes und lustigen Schnickschnack.

4 Die Banicharnitsa

Frisches Blätterteigoriginal: Banitsa mit Sirene

Diese Bäckerei nennt jeder nur »Banicharnitsa«, also »der Ort, an dem man eine Banitsa bekommt«. An der weißen Hauswand ist mit blauen kyrillischen Buchstaben der eigentliche Name aufgesprüht: »Topli Banitsi« (warme Banitsa). In ähnlichem Blau sind die vielen auch tagsüber geschlossenen Fenstergitter gehalten. Und damit ähnelt die Bäckerei einer gut bewachten Festung. Möglicherweise soll so das Banitsa-Rezept beschützt werden, denn hier werden sie traditionell zubereitet, sind sehr frisch und schmecken besonders gut.

Die Banitsa ist ein salziges Blätterteiggebäck, das dem türkischen Börek ähnelt. Ein einheimisches Original ist die Variante mit bulgarischem Salzlakenkäse, dem »Sirene«. Der Käse wird mit etwas Joghurt und Eiern gemischt und in die Blätterteigschichten eingebacken. Die Füllung kann variieren – es gibt welche mit Spinat oder gratiniertem Kürbis, der Tikvenik genannt wird. Man findet flache, quadratische oder dreieckige Banitsa, doch original wird die Delikatesse schneckenförmig gerollt – so wie in dieser Banicharnitsa.

Die Banitsa ist die Königin der bulgarischen Küche, und es gibt sie in Sofia an jeder Straßenecke. Sie wird zu jeder Tageszeit gerne verzehrt. Das perfekte bulgarische Frühstück besteht aus Banitsa und Ayran. An Ostern oder zu Weihnachten darf das Gebäck nicht auf dem Festtagstisch fehlen. Es wird auch in die Neujahrsprophezeiungen einbezogen. Dann werden gute Wünsche auf Papier geschrieben und in den Teig gesteckt. Ähnlich wie beim Glückskeks zieht jeder nach dem Aufschneiden sein eigenes Glück. Auch Münzen als Glücksbringer oder ein Stück Hartriegelzweig, das Symbol für Langlebigkeit und Gesundheit, können in die Banitsa eingebacken werden. Der Hartriegel wird danach in das offene Feuer geworfen – und wenn er einen Knall von sich gibt, ist dies ein untrügliches Zeichen für eine gesunde und glückliche Zukunft.

Adresse Ecke ul. Angel Kanchev / ul. William Gladstone, 1000 Sofia Center | ÖPNV Straßenbahn 10, 12, 18, Haltestelle pl. Slaveykov | Öffnungszeiten Mo – Fr 7.30–18.30 Uhr, Sa 8 – 14.30 Uhr, So geschlossen | Tipp Eine gute Alternative ist die kleine Banicharnitsa »Sofiyska Banitsa« am Garibaldiplatz in der ul. Graf Ignatiev 7A. Hier gibt es auch süße Banitsa mit Äpfeln.

5 Das Baron-Gendovich-Haus

Sofias erster »Wolkenkratzer«

Gegenüber vom Stadtpark Gradska Gradina an der Dyakon-Ignatiy-Straße zieht das imposante Nationaltheater alle Blicke auf sich. Doch rechts davon gibt es noch einen anderen architektonischen Protagonisten: ein gelbes, siebenstöckiges Eckhaus, das Baron-Gendovich-Haus. Der Bau der Superlative im Stil des Wiener Neobarocks wurde 1914 fertiggestellt. Es ist das erste Haus Sofias mit einer eingebauten Heizung und war seinerzeit das höchste Wohngebäude der Stadt. »Wolkenkratzer« nannten die Hauptstädter dieses Gebäude damals, obwohl der Titel heutigen Maßstäben nicht mehr standhält. Auftraggeber war der bulgarische Politiker und Unternehmer Baron Hristo Gendovich. Der Geschäftsmann bekam seinen für Bulgarien unüblichen Adelstitel vom russischen Kaiser Alexander II. für seine Verdienste im Russisch-Türkischen Krieg (1877/78), der zur Befreiung Bulgariens führte.

Der Baron beauftragte den in Paris studierten ehemaligen Hofarchitekten Nikola Lazarov mit dem Bau. Lazarov plante ursprünglich zwei Kuppeln, aber der Ausbruch des Ersten Weltkriegs verhinderte die Fertigstellung der zweiten. Unter der Kuppel gibt es zwei Giebel. Der erste ist gerundet, der zweite sieht aus wie ein Dreieck, bei dem ein Stück fehlt. Direkt darunter kann man ein sanft lächelndes Gorgonenhaupt erblicken.

In den Jahren des Sozialismus nutzte das Militär das Gebäude, das in dieser Zeit an Ruhm und Einzigartigkeit verlor. Das änderte sich 1960, als im Erdgeschoss das bekannte Café Bambuka eröffnete. Es wurde schnell zum Lokal der Freigeister der Hauptstadt. Sofias Bohème traf auf Schriftsteller und Journalisten. Leider existiert das Café nicht mehr. Heute gehört das Haus der Familie von Boris Gendovich, dem Sohn des Barons und einstigen Bauherrn. Er ließ es im alten Glanz erstrahlen und wohnte bis zum Tod in einer der Wohnungen.

Adresse ul. Ivan Vazov 2, 1000 Sofia Center | ÖPNV Straßenbahn 10, 12, 18, Haltestelle pl. Garibaldi | Öffnungszeiten nur von außen zu besichtigen | Tipp Das Puppentheater (»Kuklen Teatar«) in Sofia ist nicht nur für Kinder einen Besuch wert. Den bezaubernden Aufführungen kann man auch ohne bulgarische Sprachkenntnisse ganz gut folgen.

6 Das Battenberg-Mausoleum

Deutscher Adel mit bulgarischem Herzen

Am verkehrsreichen Vasil-Levski-Boulevard liegt ein kleiner, umzäunter Park. Am Eingang ein Pförtnerhäuschen. In der Mitte ein elf Meter hohes Denkmal, das an einen Kirchturm erinnert. Eine breite Treppe führt ins Innere. Es ist das Battenberg-Mausoleum. Doch was hat eigentlich der deutsche Adel in Sofia zu suchen?

Nachdem das Osmanische Reich von Russland besiegt worden war, trafen sich 1878 die europäischen Großmächte in Berlin, um die Zukunft des Balkans zu beschließen. Aus politischem Kalkül sollte der neue Fürst Bulgariens kein Russe sein, doch gleichzeitig sollte Russland als Kriegsgewinner zufriedengestellt werden. Prinz Alexander Josef von Battenberg, ein Neffe des russischen Zaren, war für diese Aufgabe prädestiniert. Also wurde er 1879 von der bulgarischen Nationalversammlung einstimmig zum Fürsten gewählt.

Alexander I. galt als liberaler Fürst, dem das Wohl des bulgarischen Volks am Herzen lag. Und er hat Bulgarien geliebt. Er soll einmal gesagt haben: »Ich riskiere meinen Thron und mein Leben, doch was soll ich machen? Ich liebe Bulgarien!«

Seine liberale Politik hatte auch Gegner. 1886 trat Alexander I. zurück und ging mit seiner Frau ins Exil nach Graz, wo sie als Graf und Gräfin Hartenau lebten. Nur sieben Jahre später starb der frühere Fürst völlig unerwartet. Auf seinen Wunsch wurde sein Leichnam nach Sofia überführt. Er erhielt ein Staatsbegräbnis. Nach einer Zwischenstation in der ältesten orthodoxen Kirche Europas, der Rotunde des heiligen Georgi, wurde Battenberg 1897 schließlich in dem vom Schweizer Architekten Hermann Mayer entworfenen Mausoleum beigesetzt. Die eigentliche Grabstätte befindet sich unter dem Sarkophag, der als symbolisches Grab im Raum steht, darüber ein gebogener Schriftzug in Gold. Wohl die letzte Liebesbekundung des Fürsten an sein Land: »Gott schütze Bulgarien!«

Adresse ul. Hadzhi Dimitar 17, 1000 Sofia Center (Eingang vom bul. Vasil Levski) | ÖPNV Metro M 1, Haltestelle Sofia Universität Sv. Kliment Ohridski | Öffnungszeiten Mo–Fr 9–17 Uhr, Sa und So geschlossen | Tipp Direkt gegenüber auf dem bul. Vasil Levski liegt der Knyazheska Gradina, ein Park mit einem Denkmal für die sowjetische Armee, das bei Sonnenuntergang besonders fotogen ist.

7 Bei Nikar

Einmal um die Welt in Geldscheinen

Auf den ersten Blick sieht es wie ein Kiosk aus. Nur dass auf den Glasscheiben und Türen unendlich viele Ziffern stehen. Über der Tür dann die Auflösung auf Englisch: alle Währungen der Welt in Scheinen und Münzen. Vor dem Eingang eine Schlange von Menschen. Sie haben unterschiedliche Anliegen: Touristen aus Osaka oder Tel Aviv, die bulgarische Zahlungsmittel brauchen. Ein älterer Mann mit den Schweizer Franken aus seinem Sparstrumpf. Ein Student, der nach Nepal reist, und zwei Damen, die nach Ägypten möchten. Sie nehmen gerne die Wartezeit in Kauf, denn bei Nikar gibt es den besten Wechselkurs.

In den Ländern des Ostblocks war der Tausch der Währungen immer eine heikle Sache. Um das für den Urlaub hart ersparte Geld durch den meist schlechten offiziellen Wechselkurs nicht zu schmälern, wechselte man oft schwarz. Die damit verbundenen Betrügereien waren legendär: Man hörte von Menschen, denen Zeitungspapier in das Geldbündel geschmuggelt wurde. Oder von welchen, denen längst abgelaufene Scheine angedreht wurden. Beim Geldwechsel musste man immer auf der Hut sein. Deswegen möchte man auch heute noch einen guten Kurs bekommen, aber trotzdem gut beraten und sicher sein. Nikar ist auf jedem dieser Gebiete in der Poleposition.

Allein ein Blick auf die Webseite (nikar.net) dieser Wechselstube untermauert die Expertise: Fotos dokumentieren Geldscheine unterschiedlicher Staaten, markieren diejenigen, die abgelaufen sind, und weisen die Gültigkeit aktueller Scheine aus. Wer noch altes Papiergeld besitzt, kann es überprüfen lassen. Die Mitarbeiter von Nikar kennen sich aus!

Wer also den besten Kurs für den bulgarischen Lew (Mehrzahl: Lewa) möchte, sollte hier wechseln. Der Name bedeutet übrigens »Löwe«. Das Kleingeld, die Stotinki, würden übersetzt »Hundertchen« heißen. 100 Stotinki ergeben einen Lew. Für alle anderen Währungen fragen Sie lieber bei Nikar nach.

Adresse ul. Graf Ignatiev 36, 1000 Sofia Center | ÖPNV Straßenbahn 10, 12 oder 18, Haltestelle Pl. Slaveykov | Öffnungszeiten Mo–Fr 8–19.30 Uhr, Sa, So 9–18 Uhr | Tipp Nicht weit entfernt, in der ul. General Yosif V. Gourko 27, ein Original: die »Bare Hands Society«. Ein Bekleidungsgeschäft mit ausgefallen bedruckten T-Shirts, aber auch Kunstdrucken mit Motiven des jungen Illustrators Dido Peshev. Da es hier nicht nur vom Design her etwas rockiger zugeht, verkaufen sie auch Bier.

8 Die Bergbibliothek

Der Gipfel und die Geburtsstunde des Tourismus

Auf dem höchsten Gipfel des Vitosha-Gebirges, dem Cherni Vrah, steht eine dreieckige Holzkonstruktion, die wie ein Vogelhaus aussieht. Durch die Glasscheibe an der Frontseite sieht man zahlreiche Bücher. Diese »Bibliothek auf dem Berg« hat die Bibliothek von Sofia gemeinsam mit der Verwaltung des Naturparks Vitosha ins Leben gerufen. Fünf solcher Standorte wurden auf dem Berg eingerichtet, wo man sich bei einer Wanderung eine Lektüre ausleihen kann. Spendet man selbst ein Buch, bekommt man einen kostenlosen Leseausweis für ein Jahr.

Erinnern soll das Projekt an die Anfänge der Tourismusbewegung. Damals war das Vitosha-Gebirge noch nicht das beliebte Ausflugsziel von heute. Neben Schäfern und Holzfällern gab es nur vereinzelt Wanderer. Erst eine Initiative des Schriftstellers Aleko Konstantinov änderte das. Der Naturfreund rief zur Besteigung des höchsten Gipfels, des 2.290 Meter hohen Cherni Vrah (»Schwarzer Gipfel«), auf. Diese Bergtour, an der 300 Menschen teilnahmen, fand im August 1895 statt und gilt als Beginn des organisierten Tourismus in Bulgarien. Seitdem wurden zahlreiche ausgeschilderte Wanderrouten ausgebaut, Berghütten und Seilbahnen errichtet. Mit Letzteren erreicht man heute vom Sofioter Vorort Simeonovo in 30 Minuten die Station Aleko. Von hier wäre man zu Fuß in 90 Minuten oben auf dem Gipfel, doch der Weg ist steil. Alternativ bietet sich der Sessellift zum Malak Rezhen an, die Wanderung zum höchsten Gipfel dauert dann nur rund 30 Minuten.

Die Aussicht vom Hochplateau des Gipfels ist atemberaubend. Richtung Norden sieht man die gesamte Ebene, die Hauptstadt und in der Ferne das Balkangebirge. Doch Vorsicht: Hoch droben kann es sehr windig werden. Der Wind rauscht mit einer Durchschnittsgeschwindigkeit von 9,3 Metern pro Sekunde durch. Zum Glück kann man sich in der 1935 gebauten Wetterstation bei Tee und einer warmen Suppe aufwärmen.

Adresse Cherni Vrah, Vitosha | ÖPNV zum Lift nach Simeonovo: von der Metrostation G. M. Dimitrov (M 2) mit dem Bus 69 Richtung Tsareva Mahala, Haltestelle Mosta na Banishka Reka, bis zum Kabinenlift sind es von hier noch 1,3 Kilometer | Tipp Weitere Bergbibliotheken befinden sich zum Beispiel nahe den Berghütten Momina Skala und Aleko.

9 Der Biomarkt an der Wand

Die Produktparade an der Rimskata Stena

Die »Rimskata Stena« (Römische Wand) ist eine hohe Ruine, die gar nicht aus römischen Zeiten stammt – obwohl jeder sie so nennt. Sie entstand nämlich erst im 16. oder 17. Jahrhundert zur Zeit der osmanischen Herrschaft und erfüllte wohl eine religiöse Funktion. Vielleicht ist sie ein gut erhaltener Teil eines bedeutenden Ottomanen-Grabs. Oder ein Teil eines Namāzgāh, eines offenen Gebetsplatzes, der für das Festgebet am Tag des Fastenbrechens und des Opferfests genutzt wurde. Die in Ost-West-Richtung ausgerichtete rechteckige Konstruktion mit geraden Ziegel- und Steinreihen entspricht der osmanischen Bauweise. Noch zu sehen sind zwei Fenster mit einer Gebetsnische dazwischen. Eine gekerbte Mauerbrüstung ziert den oberen Teil. 1957 wurde das Mauerstück, das im Bezirk Lozenets zu finden ist, renoviert und zum Kulturdenkmal erklärt.

Seit 2013 gibt es um die Rimskata Stena herum jeden Samstag einen Biomarkt. Die ökologische Wende in Bulgarien begann, als das Land im Jahr 2007 EU-Mitglied wurde, denn dafür musste es strenge Auflagen bei der Landwirtschaft erfüllen. Bio-Lebensmittel sind mittlerweile längst zum Trend geworden. Über 40 Bio-Hersteller und Ökobauern verkaufen auf dem Markt ihre Produkte. Die meisten kommen aus der Region. Ihr Angebot ist breit gefächert, sie bieten frische und saisonale Bio-Lebensmittel, Spezialitäten, Obst und Gemüse, Milchprodukte, Fleisch, Honig, Backwaren, Gewürze, Naturkosmetik und Handwerksprodukte an. Und auch wer Ungewöhnliches sucht, wird fündig: Es gibt Sauerampfer, frische Weinblätter, Brennnesselspitzen, Birkensaft, Rosenkwass (ein Getränk aus vergorenem Brot), Meerrettichpüree, Lavendelhonig oder Haselnuss-Honig-Tahina. Hier schmeckt auch der bulgarische Salzlakenkäse aus Schafs-, Kuh- oder Ziegenmilch, der »Sirene«, besonders gut und cremig – denn nur in Bulgarien wird er mit Joghurt verfeinert.

Adresse ul. Stara stena 3, 1164 g.k. Lozenets, Sofia | **ÖPNV** Metro M1, M2, Haltestelle Vasil Levski Stadion, oder Straßenbahn 10, 12, 18, Haltestelle Uasg | **Öffnungszeiten** Sa 10–17 Uhr | **Tipp** Für eine Pause vom Trubel empfiehlt sich die hinter dem Markt auf der ul. Yavorets gelegene »Furna Kvartalna« (»Kiez-Bäckerei«) mit einer großen Auswahl an Banitsa (Blätterteiggebäck) und sehr gutem Kaffee.

10 Der Bitaka

Der Malashevtsi-Flohmarkt – mehr Balkan geht nicht

Das Wort »Bitaka« wird in Sofia inzwischen als ein Synonym für »Flohmarkt« benutzt. So nennt man im Volksmund den Malashevtsi-Flohmarkt. Es ist nicht ganz leicht, den Weg zum größten Freiluftmarkt Sofias zu finden. Der beste Tipp: Halten Sie sich an die Menschenmenge!

Spätestens um acht Uhr sollte man vor Ort zu sein. Dann findet man vielleicht noch einige Schnäppchen und wird für das frühe Aufstehen bei gutem Wetter mit einem pittoresken Sonnenaufgang belohnt. Der Eintritt, sofern einer verlangt wird, kostet zwei Lewa. Der erste Teil des Flohmarkts ist der »offizielle«. Hier wurden schon zu Zeiten des Sozialismus Mangelwaren angeboten und rege gekauft. Heute sind es in China hergestellte elektronische Waren, Jeans, Koffer, Keramik oder Autoersatzteile.

In der Mitte des Markts stehen mehrere Pferde vor leeren Wagen. Ihre Besitzer verkaufen im zweiten, nicht offiziellen Teil des Markts. Sie breiten ihre Waren auf dem Boden aus. Es gibt hier nichts, was es nicht gibt. Puppen ohne Haare, ausgelatschte Schuhe, kaputte Vibratoren, Hühner, verblasste Familienfotos, Duschköpfe, Münzen, Pelzmäntel. Es sind jedoch weniger die Waren als das bunte und laute Durcheinander und das Flair des Balkans, die diesen Markt ausmachen.

Wer sich nach rechts durch die Menschenmenge schiebt, stößt auf eine kleine Imbissbude. Emsige Frauen verkaufen Kaffee, Tee und natürlich auch Bier. Zum Essen bieten sie selbst gemachte Auberginenpasten, gefüllte Paprikaschoten und eingelegten Schafskäse an. Pünktlich zum Frühstück wird der Grill angeworfen. Der Steak- und Würstchengeruch lockt Verkäufer wie Käufer an. Immer wieder sieht man Leute, die glücklich ihre neuen Besitztümer nach Hause schleppen. Ein Mann balanciert einen Sessel auf dem Kopf. Eine Frau trägt mehrere Kleiderbügel und einen Teppich unter dem Arm. Die Frühstücksgesellschaft kommentiert jede Ware. Mehr Balkan geht nicht!

Adresse ul. Lavandula 45B, 1225 Malashevtsi, Sofia | ÖPNV Bus 86 ab der Löwenbrücke (Lvov Most) bis zur Haltestelle ul. Vasil Kanchev. Von hier folgt man den Menschen 15 Minuten lang zum Eingang. Eine Taxifahrt aus dem Zentrum kostet circa 5 Lewa. | Öffnungszeiten Sa und So 4–15 Uhr | Tipp Ein eher touristischer Flohmarkt befindet sich neben der Alexander-Nevski-Kathedrale. Täglich ab zehn Uhr bieten Händler Ikonen, sowjetische und leider auch nationalsozialistische Memorabilien an.

11 Der Boyana-Wasserfall

Eine malerische Wanderung

Der Boyana-Wasserfall (»Boyanski Vodopad«) ist mit etwa 20 Metern der höchste Wasserfall des Vitosha-Gebirges. Gespeist wird er vom Fluss Boyana, der am Fuße des Gipfels Cherni Vrah entspringt und sich seinen Weg durch ein großes Felsmassiv bahnt. Er ist zu jeder Jahreszeit eindrucksvoll, besonders aber im Frühling, wenn der Schnee zu schmelzen beginnt. Zu dieser Zeit rauscht der Wasserfall voluminös und imposant wie nie. An klaren Frühlingstagen sieht man seine Gischt sogar vom Zentrum der Hauptstadt aus. Aber auch zu anderen Jahreszeiten ist er spektakulär – zum Beispiel, wenn er bei Kälte gefriert und erstarrt.

Es gibt mehrere Wege, den Wasserfall zu erreichen: einen malerischen, anderthalb Stunden langen Wanderweg vom inzwischen geschlossenen Hotel Kopitoto aus (mit dem Taxi erreichbar), einen drei Kilometer langen vom Nationalhistorischen Museum und einen von der Kirche von Boyana.

Die orthodoxe Kirche von Boyana rühmt sich ihrer Wandzeichnungen und Fresken aus dem 13. Jahrhundert. Es ist allerdings schwer, sie zu besichtigen, wenn vorangemeldete Reisegruppen sie in Beschlag genommen haben. Doch selbst die Parkanlage und die Außenansicht der Kirche, die seit 1979 zum UNESCO-Weltkulturerbe gehört, sind den Zwischenstopp wert. Von der Kirche aus ist der Weg zum Wasserfall gut ausgeschildert. Aber Achtung: Halten Sie sich bei der Abzweigung unbedingt links, wählen Sie den längeren Waldweg und nicht die kürzere, unbefestigte und sehr steile Route den Berg hoch. Der Waldweg führt nur leicht bergauf und ist recht leicht erklimmbar. Unterwegs gibt es immer wieder tolle Ausblicke auf Sofia. In der Nähe des Wasserfalls ist eine steile Stelle mit etwas Rutschgefahr, doch wenn die letzte Klippe überstanden ist, wird man nach der eineinhalbstündigen Wanderung reich belohnt. Der Anblick des Wasserfalls und die wunderschöne Natur sind unvergesslich.

Adresse ul. Boyanski Manastir, 1616 Boyana, Sofia | ÖPNV ab der Vitosha-Metrostation (M1, M2) mit dem Bus 64 über Dragalevtsi bis Boyansko Hanche | Tipp Am Ende der Siedlung kann man einen Abstecher zu einer Quelle machen und die Getränkeflasche für die Wanderung aus dem Brunnen mit frischem Bergwasser auffüllen.

12 Die Brücke der Liebenden

Emotionen bei Smog und Stau

Die namenlose Fußgängerbrücke über den mehrspurigen Bulgaria-Boulevard ist weder schön noch romantisch. Sie scheint einfach nur funktional zu sein, weil sie den Neubau des Hilton-Hotels und den Südpark mit dem Areal des Nationalen Kulturpalasts (NDK) verbindet. Trotzdem wird sie im Volksmund »Brücke der Liebenden« genannt. Auf den ersten Blick ist es unerklärlich, warum ausgerechnet diese Brücke so einen emotionsgeladenen Namen trägt.

Der mehreckige Koloss des NDK wurde 1981 erbaut. Hier finden Veranstaltungen und Kongresse statt. Oft sind die Gäste in den Zimmern des Hilton-Hotels einquartiert, das für prestigeträchtige Anlässe eine Executive Lounge und eine Präsidenten-Suite bietet. Es kann also durchaus passieren, dass die Brücke plötzlich von Sicherheitsleuten gesperrt wird und hochrangige Politiker sie überqueren.

Der Berufsverkehr zwischen dem Stadtteil Lozenets und dem Zentrum der Hauptstadt macht sich auf der Fußgängerbrücke lautstark bemerkbar. Die Liebenden kommen erst gegen Nachmittag und bleiben bis nach Sonnenuntergang. Bei Teenagern und der jüngeren Generation hat sich die Brücke als Romantik-Hotspot etabliert. Eine Einladung zu einem Spaziergang auf dieser Brücke ist einer Liebeserklärung gleichzusetzen. So sieht man hier besonders viele verliebte Pärchen, die Hand in Hand über die Brücke spazieren oder sich küssen. Als das i-Tüpfelchen eines Teenie-Rendezvous bietet sich ein Besuch des darunterliegenden McDonald's-Restaurants an.

Mehrmals im Jahr wird die Brücke zur Open-Air-Galerie. Es finden Ausstellungen, manchmal sogar Festivals statt. Und bei Sonnenuntergang offenbart sich auch endlich die wahre Stunde der Romantik. Dann wird die in südwestlicher Richtung gelegene Bergkette der Vitosha in pittoresken Farben von der untergehenden Sonne beleuchtet und bietet einen atemberaubenden Anblick – nicht nur für Verliebte.

Adresse Mosta na Vlyubenite, 1463 Lozenets, Sofia | ÖPNV Bus 94 oder Trolleybus 7, Haltestelle Hotel Hilton | Tipp Nur einen kurzen Spaziergang über den nahe liegenden Park Gradina Banya Lozenets entfernt liegt in der ul. Ralitsa 2 die schön restaurierte Kapelle »Preobrazhenie Gospodne« (»Herr der Verklärung«). Am anderen Ende des Parks in der ul. Biser 16 befindet sich das »Rawlly«, ein Geheimtipp für himmlische Raw Cakes und Veganes.

13 Der Bulgaria-Saal

Außerordentliche Architektur und beste Akustik

Konzertsäle haben etwas Magisches. So auch der Bulgaria-Saal (»Zala Bulgaria«), der größte Konzertsaal des 1937 gebauten Konzerthauskomplexes in Sofia. Seine Struktur ist ein Beispiel für die beginnende Moderne Bulgariens zwischen den Weltkriegen. Die Idee dazu hatte eine Versicherungsgesellschaft. Mehrere Konzertsäle und ein zum Komplex gehörendes Hotel (das ehemalige Hotel Bulgaria) sollten eine Kultureinheit bilden.

Die Architekten Stancho Belovski und Ivan Danchov gewannen die Ausschreibung. Die Bauarbeiten begannen 1935 mit der Grundsteinlegung für den Bulgaria-Saal. Ursprünglich wurde er mit 1.470 Sitzplätzen auf drei Ebenen gebaut. Die Bühne hatte Platz für ein 100-köpfiges Orchester oder einen Chor von 200 Sängern. Bis heute rühmt er sich einer außergewöhnlich guten Akustik. Dafür sorgen die Wände, die mit Wandpanels nach den Vorgaben des Berliner Heinrich-Hertz-Instituts verkleidet wurden. Zu den Besonderheiten zählten ein Steinway-Konzertflügel und eine imposante Orgel mit 6.000 Pfeifen.

Bei den verheerenden Bombardierungen im Mai 1944 wurden der Bulgaria-Saal teilweise, die Orgel und die Konzertflügel irreparabel zerstört. 1949 wurde der Komplex zum Teil restauriert, diesmal mit nur 1.050 Sitzen. Seitdem ist er die Heimat des Philharmonischen Orchesters von Sofia. Fortan begann die steile Karriere des Konzertsaals. 1974 wurde die größte Konzertorgel Bulgariens installiert. Gleichzeitig wurde auch der Kammersaal wiederhergestellt. Die letzte umfassende Renovierung fand 2011 statt. Heute ist der Bulgaria-Saal nicht mehr aus dem Konzertleben der Hauptstadt wegzudenken. Der zentrale Veranstaltungsort erfreut sich internationaler Beliebtheit. Führende Musiker des Landes und einige der größten internationalen Interpreten sind immer wieder zu Gast. Vor allem bei einer echten Starbesetzung empfiehlt es sich, den Vorverkauf zu nutzen.

Adresse ul. Aksakov 1, 1000 Sofia Center | ÖPNV Metro M 1, M 2, Haltestelle Serdika, von hier aus zu Fuß über den pl. Nezavisimost auf der ul. Tsar Osvoboditel | Tipp An der Seitenwand der Zala Bulgaria ist ein Beispiel für die Wandkunst von Julien de Casabianca (Korsika / Frankreich) zu sehen. Für Sofia wählte er bulgarische Gemälde der Kunstgalerien aus und reproduzierte sie als gigantische »Tapeten« auf Hausmauern.

14 Die bunten Stromkästchen

Quadratisch. Bunt. Gut.

Es dauert nicht lange, bis man in Sofia den ersten bunten Stromkasten entdeckt. Vielleicht den mit dem freundlichen Eichhörnchen als Motiv. Oder mit John Lennons bebrillten Augen und dem Wort »Imagine« auf weißem Hintergrund. Oder das geigespielende Mädchen. Man bleibt kurz stehen und ist erfreut. Doch irgendwann fällt es auf, dass man immer und immer wieder welchen begegnet. Es sind viele. Auffällig viele …

Die Idee zu den bunten Stromkästen stammt aus dem Jahr 2011. Damals wurde die Sofia Design Week unter dem Motto »Sofia Breathes Design« veranstaltet. Die Stadt wurde mit der Kunst buchstäblich übersät. Ein Teil des Programms war die Ausstellung »Box Street«, für die die zentrale Tsar-Shishman-Straße zur Leinwand wurde. Besser gesagt: ihre Stromkästen. Fünfzehn junge Künstler schlossen sich für dieses Projekt zusammen und bemalten die grauen Stromkästen. Sie hauchten dem unscheinbaren Grau bunte Farbe ein, machten sie zu Kunstwerken und verwandelten damit die gesamte Straße in eine Freiluftgalerie. Diese Aktion war so erfolgreich, dass sie im Folgejahr wiederholt wurde. Nur viel größer. Diesmal wurden auf der langen Rakovski-Straße 51 Stromkästen bemalt, von doppelt so vielen Künstlern. Die Euphorie war so groß, dass die Farbtupfer auch in andere Straßen überschwappten. Leuchtende Farben, amüsante Szenen, tiefgründige oder lustige Botschaften findet man nun überall in der Innenstadt.

Die Stadtverwaltung spielte mit – unter der Bedingung, dass man aus Sicherheitsgründen die Warnschilder nicht überstreichen durfte. Denn schließlich machten die farbenfrohen Stromkästen die Stadt bunter und freundlicher. Einige der Bilder sind inzwischen zwar etwas verblasst, doch immer wieder treten Novitäten mit intensiver Farbgebung und neuen Ideen hervor. Die Stromkästen gehören einfach zum Stadtbild und bieten unzählige Fotomotive – quadratisch, bunt und gut.

Adresse ul. Tsar Shishman, 1000 Sofia Center | **ÖPNV** Straßenbahn 10, 12, 18 oder Trolleybus 1, 2, 5, 7, 8, Haltestelle bul. Vasil Levski | **Tipp** Ein sehr gut sortiertes Geschäft, wo auch Kunststudenten gerne einkaufen, ist das »Slanchogled« (»Sonnenblume«) in der ul. Ivan Vazov 13. Hier gibt es ein breites Sortiment an Kunstbedarf, Heften und Geschenkartikeln.

15 Das Carcassone

Eine gemütliche Runde Brettspiel

Das pistaziengrüne Haus in der schattigen William-Gladstone-Straße im Zentrum ähnelt einer Villa. Hinter dem Gebäude befindet sich ein kleiner, gepflegter Garten. Hollywoodschaukel, Lounge-Ecke, Tische und Stühle verwandeln ihn in ein Hinterhof-Paradies. Die hintere Hauswand ziert ein buntes Graffito von Bozko, einem der führenden Graffiti-Künstler Bulgariens. Unverkennbar sein Stil: die lange, schnabelartige Nase einer märchenhaften Figur und die knochigen, langen Finger, die auf einem Saiteninstrument zupfen. Die verspielte Figur neben dem Eingang ist das passende Entree in den Club Carcassone. Ein Ort, der dem Spielen gewidmet ist.

Spielen ist eine heitere Kommunikationsform zwischen Menschen. Darauf setzt man im Carcassone. Über 50 Gesellschaftsspiele stehen zur Verfügung und können gegen eine geringe Gebühr stundenlang genutzt werden. Die Mitarbeiter erklären bei Bedarf gerne die Regeln. Stammkunden schätzen es sehr, dass zu den Spielen auch die jeweiligen Erweiterungen ins Sortiment aufgenommen werden. Der Namensgeber des Clubs ist ein preisgekröntes Brettspiel aus Deutschland. Es wurde in 20 Sprachen übersetzt und über sechs Millionen Mal verkauft.

Mehrere gemütlich eingerichtete Räume, ein kleiner Kamin und die gedämpfte Beleuchtung bescheren dem Ort die vertraute Wohnzimmeratmosphäre. Tee oder Wein holt man sich an der Bar. Sofern der Himbeerwein im Angebot ist, sollte man ihn unbedingt probieren. Auf Regalen sind die Brettspiele aufgereiht. Die Entscheidung fällt schwer, denn die Auswahl ist groß. Am beliebtesten ist das Assoziationsspiel Dixit Odyssey. Aber auch Indigo, Tokaido, Activity, Catan, Azul oder das altbekannte Schachspiel gehören zu den Favoriten. Da die Anzahl der Spielliebhaber rapide steigt, empfiehlt es sich für Gruppen, zu reservieren. Sind die Würfel gefallen, stellt sich nur noch die Frage: Lust auf die nächste Runde?

Adresse ul. William Gladstone 30, 1000 Sofia Center | ÖPNV Metro M 2, Haltestelle NDK | Öffnungszeiten Mo geschlossen, Di – Fr 17 – 24 Uhr, Sa, So 13 – 24 Uhr | Tipp Eine große Auswahl an Spielen gibt es im Geschäft »Board Games« in der ul. Krum Popov 75 im Stadtteil Lozenets.

16 Die Chitalnyata

Ein Glaspavillon für Bücherfreunde und Touristen

Der zentrale Stadtgarten (Grandska Gradina) wurde 1872 gegründet und ist somit der älteste Park in Sofia. An heißen Sommertagen bleibt es um den großen Springbrunnen herum relativ kühl. Deswegen ist es hier immer voll. Menschen sitzen auf Bänken, reden, lachen, essen oder schauen einfach den spielenden Kindern zu. Oder sie lesen, sofern sie ein Buch dabeihaben.

Seit dem Sommer 2005 kann man im Stadtgarten auch spontan lesen. Ein lange vernachlässigter Pavillon am Ende der Gasse hinter dem Springbrunnen wurde zu einer winzigen Bibliothek umfunktioniert, der »Chitalnyata« (»Lese-Ort«). An die 1.500 Bücher kann man dort ausleihen: zeitgenössische bulgarische Titel, Weltliteratur und neuerdings auch englische Schmöker. Die Initiative »Städtisches Lesen« rief die Idee ins Leben und verwirklichte sie in Kooperation mit der Stadtverwaltung für Tourismus und mit Hilfe von EU-Geldern.

So hat der Ort zwei Funktionen: als Infopoint für Touristen und als Bücherei. Circa 600 Personen und zahlreiche Verlage beteiligten sich an der Spendenaktion für die Bibliothek. Ein Buch zu spenden ist die einzige Möglichkeit, Mitglied zu werden. Das Stöbern in dem nur 18 Quadratmeter großen Pavillon macht Spaß, nicht zuletzt wegen des geteilten Innenraums. Auf der einen Seite stehen die Bücherregale, die andere ist verglast.

Von dort lässt sich das Parkleben bestens beobachten. Auffällig ist die leere Betonfläche auf der linken Seite. Hier befand sich während der sozialistischen Ära das 1950 fertiggestellte Georgi-Dimitrov-Mausoleum, wo der einbalsamierte kommunistische Politiker besichtigt werden konnte. 1999 wurde das Gebäude schließlich gesprengt. Nicht geändert hat sich dagegen der Anblick auf der rechten Seite des Stadtgartens. Seit Jahrzehnten sitzen dort die längst legendären Schachspieler, denen man gerne auch von Nahem über die Schulter schauen darf.

Adresse pl. Knyaz Aleksandar I 4, 1000 Sofia Center | **ÖPNV** Metro M1 und M2, Haltestelle Serdika | **Öffnungszeiten** Mo–Sa 10–22 Uhr | **Tipp** Die Kunstgalerie der Stadt Sofia ist einen Besuch wert. Sie ist nur ein paar Meter entfernt in der ul. General Yosif V. Gourko und zeigt auf zwei Etagen wechselnde Ausstellungen. Achtung: Montag ist geschlossen.

17 Der Club Peroto

Literatur, umzingelt von den 80ern

Es ist unmöglich, den Nationalen Kulturpalast von Sofia zu verfehlen. Der gigantische Bau ähnelt einem Raumschiff aus Beton. Vom Haupteingang gesehen an der linken Seite befindet sich der Zugang zum »Club Peroto«, der je nach Tageszeit ein Café, eine Bar oder eine Lounge ist, ganz im Zeichen der Literatur. Und das sieben Tage die Woche rund um die Uhr.

Ein Blickfang sind die Glasscheiben, die mit Abbildungen Hunderter Buchrücken beklebt sind. Drinnen dann noch mehr Bücher – in den Regalen, an den Wänden, auf Tischen. Selbst der lange Tresen wurde auf einem Stapel Bücher gebaut. Der großzügige Innenraum ist in mehrere Bereiche unterteilt. Tische und Stühle zum Arbeiten oder für Besprechungen, Sofas und Sessel zum Chillen oder Lesen. Das Selbstbedienungsangebot besteht ausschließlich aus Getränken. Oft finden Lesungen und andere literarische Veranstaltungen statt. »Peroto« bedeutet übrigens »Federn«, wobei in diesem Fall die Schreibfeder gemeint ist. Bei so viel Literatur bekommt man Lust, selbst zur Feder zu greifen …

Auch eine kleine Exkursion zu den Toiletten ist sehr empfehlenswert, da sie sich im Untergeschoss des Kulturpalasts befinden. Unwillkürlich fallen einem unterwegs Bezeichnungen für den ehemaligen Berliner Palast der Republik in Ostberlin ein: »Palazzo Prozzo« oder »Ballast der Republik«. Liebhaber des Ost-Prunks kommen hier auf ihre Kosten. 10.000 Tonnen Stahl wurden verbaut, das sind 3.000 mehr als beim Eiffelturm. Über verschiedene Treppen führt der Weg nach unten. Wenn man unterwegs einen kurzen Blick in das Gebäudeinnere werfen möchte, drückt das Wachpersonal zumeist ein Auge zu. Der Blick lohnt sich: Über acht Etagen verteilen sich Konzerträume, Tagungsräume, Ausstellungsflächen. Überdimensionale Leuchter im Ost-Design hängen von den Decken. Die Atmosphäre der 1980er Jahre hat hier wahrhaftig alles fest im Griff.

Adresse pl. Bulgaria 1, NDK, 1463 Sofia Center | ÖPNV Trolleybus 7, Haltestelle NDK | Öffnungszeiten Mo–So 8–23 Uhr | Tipp Am anderen Ende des Parks ist der Tempel der bulgarischen Märtyrer. Eine kleine Kapelle mit Bänken und eine schwarze Granitwand an der Seite, auf der Tausende Namen von Personen, die in der Volksrepublik Bulgarien zwischen 1944 und 1989 hingerichtet wurden oder verschwunden sind, in Stein gemeißelt sind.

18 Das Contessa

Das Agneshko und die Opfergaben für den Regen

Am Rande des Sveti-Nikola-Parks, wenn man über den Weg gegenüber der Osogovo-Straße geht, steht, von vielen Pflanzen zugewachsen, ein kleines Holzgebäude mit großen Fenstern. Es ist das »Contessa«, ein kleines Restaurant, das es hier schon seit vielen Jahrzehnten gibt. Das urige Lokal mit rustikalem Holzinterieur ist wegen der bulgarischen Hausmannskost und den großen Portionen besonders bei Familien beliebt. Sie alle sind sich einig: Das Agneshko muss man hier probiert haben.

Agneshko ist ein Lammbraten. Auch in Sofia wird er gerne zu Ostern gegessen. Doch es gibt einen besonderen Tag, an dem man im Contessa sogar vorbestellen muss. Es ist der 6. Mai, der Tag des heiligen Georg. Er zählt in Bulgarien zu den beliebtesten Heiligen, denn er hat sich, so der Volksglaube, gegen den Drachen bewährt, der das Wasser zurückhielt. Volkslieder erzählen von verzweifelten Bauern, die gegen die Dürre ihre Töchter opferten. Für jede Jungfrau bekamen sie ein wenig Wasser. Der Drache verschlang eine Jungfrau nach der anderen. Irgendwann war das schöne Mädchen Bilyana an der Reihe. Die verzweifelten Gebete ihrer Mutter wurden erhört, und Gott sandte den heiligen Georg, der den Drachen tötete. Daraufhin flossen die Bäche und Flüsse wieder, und der Regen fiel.

Bis heute hält sich der Glaube: Es heißt, wenn am 6. Mai nur ein Tropfen Regen fällt, werden die Äcker nicht verdorren und das Vieh gedeihen. Es ist also kein Wunder, dass das größte Fest der Schäfer der St.-Georgs-Tag geworden ist.

Im Contessa gibt es den Lammbraten jeden Tag. Er wird mit vielen Kräutern zubereitet und ist besonders zart. Wer kein Lamm mag, findet bestimmt etwas unter den vielen anderen bulgarischen Spezialitäten auf der Speisekarte, wie die gefüllten Paprika oder das Moussaka. Und wenn genug Rakia (Obstbrand) geflossen ist, wird im Contessa gesungen. Wenn auch nicht immer für den Lieblingsheiligen der Bulgaren.

Adresse ul. Pirotska 78, 1303 Sofia | ÖPNV von der Zentralmarkthalle Sofia Straßenbahn 22, Haltestelle ul. Opalchenska | Öffnungszeiten Mo–So 12.30–24 Uhr | Tipp Ein Spaziergang auf der Pirotska-Straße weg vom Stadtzentrum verschafft einen guten Eindruck vom Sofioter Alltag. Im Zentrum wird sie zur Fußgängerzone, der ältesten von Sofia.

19 Das Crazy Diamond

Wohlfühlort und kulinarische Oase

Normalerweise bilden sich Diamanten in Tiefen bis 800 Meter. In Sofia ist das anders. Auch die Altersbestimmung des Edelsteins fällt unkomplizierter aus: Seit Mai 2018 gibt es dieses Juwel in der bulgarischen Hauptstadt. An der Seite des Doktorska Gradina (»Doktor-Garten«) führt ein kleines Tor in einen weiteren Garten. Von hier sieht man schon das sonnengelbe Haus mit den türkisfarbenen Fenstern, das »Crazy Diamond«. Es ist leicht, sich in diesen Ort zu verlieben. Er strahlt eine freudige Ruhe und Harmonie aus, das Haus ist ein Farbtupfer nicht nur in seinem Garten, sondern auch für die grauen Wohnblöcke der Nachbarschaft.

Der Name stammt von Pink Floyds Lied »Shine On You Crazy Diamond«. Aufmerksame Fans werden auch im Haus hier und da Hinweise auf die Band entdecken. Man muss aber kein Pink-Floyd-Fan sein, um sich an der Einrichtung zu erfreuen, denn in jeder Ecke gibt es kleine, schöne Details.

Kulinarisch ist das Crazy Diamond ein gutes Beispiel dafür, dass sich die Cuisine Sofias in den letzten Jahren von den schweren, herzhaften Speisen zu leichten und außergewöhnlichen Kreationen gewandelt hat. Die Speisekarte ist klein und phantasievoll. Wichtig sind die hochwertigen regionalen Zutaten von Herstellern, mit denen man eine persönliche Beziehung pflegt. Als Vorspeise gibt es Salat-Variationen – wie den Avocado-Salat mit Gurken, getrockneten Blaubeeren, geräucherten Mandeln und einer Himbeer-Vinaigrette – oder Tapas. Die Hauptspeisen glänzen zum Beispiel mit sautierten Kartoffeln und Tempeh oder Fleischbällchen mit selbst gemachter Lyutenitsa, einer Spezialität aus gegrillten Paprika und Tomaten. Die wechselnden Desserts sind köstlich und echte Hingucker, oft mit Blumen dekoriert. Katzen und Eichhörnchen lassen sich im Garten blicken, in dem Hortensien, Nuss- und Obstbäume den Aufenthalt verschönern – ein echter Diamant zum Wohlfühlen und Entspannen!

Adresse ul. Oborishte 9A, 1504 Sofia Center | ÖPNV Metro M1, M2, Haltestelle Sofia Universität Sv. Kliment Ohridski | Öffnungszeiten Mo–So 12–24 Uhr | Tipp Auf der anderen Straßenseite, mitten im Park Doktorska Gradina, liegt eine weitere Oase der Ruhe. Das Gartenrestaurant »Once Upon a Time« ist ein offener Pavillon um eine Fontäne (im Winter geschlossen).

20 Das Culture Lab

Underground im Industriegelände

Das Culture Lab liegt in der Nähe des »Stochna gara«-Platzes im Norden von Sofia. Von der gleichnamigen Bushaltestelle führt der Weg in Fahrtrichtung entlang des Vladayska-Flusses bis zu einer Eisenbahnbrücke, unter der man durchgehen muss. Kurz danach erreicht man durch das auf der rechten Straßenseite liegende blaue Tor das Industriegelände. Am Tor vorbei, sollte man das erste links gelegene große graue Industriegebäude ansteuern. An der Front führt eine kleine Metalltreppe auf eine Rampe. Über sie erreicht man eine rote Metalltür mit der weißen Aufschrift »Keep calm and rule the world«. Willkommen im Culture Lab!

Wer das Tacheles in Berlin erlebt hat, wird sich hier wohlfühlen. Das Treppenhaus ist bunt, Graffiti, wohin das Auge schaut. Über fünf Etagen führen die Treppen durch die unterschiedlichen kreativen Orte voller Überraschungen. Unterwegs hat man das Gefühl, dass alle alten Sofas und Sessel der Hauptstadt hier versammelt sind. Die Orte sind offen, viele können einfach betreten werden, man kommt leicht mit anderen ins Gespräch. Auf den verschiedenen Etagen finden sich skurrile Skulpturen, Metallwerkstätten, Musikstudios. Ganz oben hat sich ein Schattentanz- und Feuer-Theater mit Feuerspuckern, die auf Stelzen laufen, eingerichtet, zusammen mit Sofias einzigem Indoor Skatepark »High-Five«.

Das Culture Lab wird von der jungen Medien- und Werbefirma Four Elements (4LMNTZ) betrieben – wie auch das »Underground«-Studio im zweiten und die gleichnamige Galerie im vierten Stock. Auf der gleichen Etage liegt, als privates Kunstzentrum deklariert, »The Laboratory«. Auch hier gibt es Konzerte und Ausstellungen, doch eigentlich ist dies ein Club, in dem die Nächte lang werden können. Schon nach kurzer Zeit ist man von der unerschrockenen Kreativität im Culture Lab berauscht. Und von der Gewissheit: Man ist im Herzstück der Underground-Szene angelangt.

Adresse ul. Vladayska Reka 4, 1510 Sofia | ÖPNV Bus 85, 96, 285, Haltestelle Stochna gara | Öffnungszeiten Do, Fr, Sa ab Nachmittag | Tipp Es lohnt sich, das ganze Gelände zu erkunden. Es ist eine kleine Geisterstadt mit verlassenen Lagerhäusern, Werkstätten und geschlossenen Cafés.

21 Die DaDa Cultural Bar

Das Nest für die reine Kunst

Am oberen Ende der zentral gelegenen Georgi-Benkovski-Straße befindet sich die DaDa Cultural Bar. Tagsüber ist sie leicht zu übersehen, doch am Abend locken das gedimmte Licht und die gemütliche Atmosphäre. Am Ende des Raums steht die verspiegelte und gut sortierte Bar. Gekonnt werden Cocktails zu moderaten Preise gemixt. Das Interieur ist durchdacht und ansprechend. An der Decke kleben Ausstellungsplakate. Auf der rechten Seite stehen bequeme Sitzgruppen, links davon, vor dem roten Samtvorhang, Tische und Stühle.

Die Tische dienen gleichzeitig als Ausstellungsvitrinen. Unter ihren Glasplatten findet sich ein thematisches Sammelsurium: Schallplatten des bulgarischen Labels Balkanton, Fotos und Bücher – oder eine Collage aus halb vollen Farbtuben und Pinseln. Überall im Raum verteilt sind skurrile, eigenartige und bizarre Gegenstände. Immer mit einem Hauch Dada. Die in Zürich um Künstler wie Tristan Tzara, Hugo Ball, Emmy Hennings oder Hans Arp gegründete Bewegung lehnte sich gegen das bürgerliche Wertesystem und seine Konventionen auf – oft durch das Mittel der Parodie oder die exzentrische Zweckentfremdung des Normalen.

Seinen Ausdruck fand Dada in der bildenden Kunst, in Literatur, Theater, Design. Die Bar hat sich davon inspirieren lassen und versteht sich als »Nest für die reine Kunst«. Hinter dem Zusatz »Cultural« verbirgt sich genau das, was das Wort nahelegt: eine volle Packung Kultur. Über das Programm informiert man sich am besten auf der Webseite der Bar (dadaculturalbar.com/event/). Fast täglich gibt es Konzerte, Lesungen, Ausstellungen, Filmvorführungen, Themenabende, Kunstinstallationen, intellektuelle Debatten und Partys mit wechselnden DJs. Das Publikum ist jung und kulturinteressiert.

Die DaDa Cultural Bar ist ein Juwel des Nachtlebens. Das kann man in der Landessprache in Anlehnung an Tristan Tzara gleich doppelt bejahen: »Da! Da!«

Adresse ul. Georgi Benkovski 10, 1000 Sofia Center | ÖPNV Trolleybus 9, Haltestelle Alexander Nevski | Öffnungszeiten Di–Do 17–1 Uhr, Fr, Sa 17–2 Uhr, So, Mo geschlossen | Tipp Geht man auf der ul. Benkovski bergab, fallen sofort die drei rot-weiß gestreiften Schornsteine des Kraftwerks in der Ferne auf. An der Ecke ul. Iskar erreicht man rechter Hand die Feuerwehr. Ihre Brandmauer ziert ein großes Graffito des Künstlerkollektivs »140 Ideas« zu Ehren der Feuerwehrleute.

22 Das Dimitar-Dimov-Museum

Die Sammlung eines Universalgelehrten

Ein unscheinbares Haus im Stadtteil Lozenets wird an der Seite zur Sveta-Gora-Straße von einer bescheidenen Tafel geziert. Sie deutet auf ein Museum hin. In einer kleinen Wohnung in diesem Haus verbrachte der Wissenschaftler und Schriftsteller Dimitar Dimov die letzten zwölf Jahre seines Lebens. Wenn man die Wohnungstür öffnet, scheint es, als würde man gerade zu Besuch kommen. Dimovs Schreibtisch sieht nach Arbeit aus, in der Wohnung sind rund 2.500 Bücher aufgetürmt. Sie wirkt so, als sei ihr Bewohner nur schnell zum Kiosk gegangen.

Dimov promovierte 1934 als Doktor der Veterinärmedizin, war als Tierarzt tätig, später auch als Mikrobiologe, dann als Professor. Er forschte unermüdlich, wovon im Museum auch ein Heimlabor zeugt.

Doch Dimov machte sich auch in der Literatur einen Namen: Sein Roman »Tyutyun« (»Tabak«) wurde zu einem der meistgelesenen Romane der bulgarischen Literatur. Dimov war sozusagen mit der Materie aufgewachsen: Seine Mutter besaß ein ausgeprägtes Interesse für Literatur, sein Stiefvater war Tabakexperte. Dimov porträtiert die hanseatische Tabakfirma Reemtsma und die Bedeutung des Tabaks für die bulgarische Wirtschaft. Er wurde scharf von den Stalinisten angegriffen, die ihm vorwarfen, eine reaktionäre Philosophie zu vertreten. Auf Druck der sozialistischen Partei musste Dimov seinen Roman überarbeiten. In der Übersetzung von Josef Klein erschien »Tabak« 1957 in der DDR.

Heute ist Dimovs aus 9.000 Gegenständen bestehender Nachlass in seiner ehemaligen Wohnung zu sehen. Wissenschaftliche und literarische Manuskripte, handgeschriebene Wörterbücher, Reiseaufzeichnungen und Fotos mit der Familie, aber auch mit literarischen Giganten wie Pablo Neruda oder Jorge Amado gewähren einen tiefen Einblick in sein kreatives Leben.

Adresse ul. Krastyo Sarafov 26, 1164 Lozenets, Sofia | ÖPNV Straßenbahn 10, 12, 18, Haltestelle pl. Zhurnalist | Öffnungszeiten Mo–Fr 10–17 Uhr | Tipp Die zweite Zweigstelle der Konditorei »Villa Rosiche« in der ul. Akatsia 1 ist von der Inneneinrichtung her weniger ansprechend als jene im Zentrum. Bei der Kuchenauswahl wird man jedoch keinen Unterschied entdecken können – die Torten hier sind genauso vorzüglich.

23 Das Doktor-Denkmal

In Gedenken an die gefallenen Mediziner

Der Doktorska Gradina (»Doktor-Garten«) ist ein kleiner Park in der Nähe der Universität und der Nationalbibliothek. Er ist wegen seiner intimen, angenehmen Atmosphäre sehr beliebt. Sie entsteht durch zahlreiche kleine Gehwege, die in die Mitte des Parks führen. Dort steht ein Denkmal für die Namensgeber: das Doktor-Denkmal. Von Weitem sieht es aus wie ein heller Sarkophag. Wer die Steine aber aus der Nähe betrachtet, wird 531 Namen lesen können. Es sind die Namen der Ärzte und Krankenschwestern, die auf beiden Seiten im Russisch-Osmanischen Krieg (1877–1878) gefallen sind.

Dieser bedeutende Krieg beendete die 500-jährige osmanische Herrschaft über Bulgarien. Immer wieder gab es Widerstandsbewegungen, die aber erfolglos blieben. Der Aprilaufstand von 1876 versprach eine kurze Zeit lang den ersehnten Erfolg. Im Ort Batak wurde sogar die Unabhängigkeit verkündet. Unter der Leitung des Revolutionskomitees wurde Batak ganze zehn Tage lang eine freie und unabhängige Republik. Schließlich wurde die Stadt von 8.000 osmanischen Soldaten umzingelt, und eine grausame Schlacht begann, die mit dem Massaker von Batak endete. Insgesamt forderte der Aprilaufstand weit mehr als 15.000 Menschenleben.

Nachdem die darauffolgenden internationalen Verhandlungen über die Autonomie Bulgariens scheiterten, begann Zar Alexander II. den Befreiungskrieg. Nach erfolgreichen Kampfhandlungen wurde 1878 mit dem Frieden von San Stefano Bulgariens Unabhängigkeit verkündet.

Auf dem Denkmal, über den Namen der gefallenen Mediziner, sind die Namen der Orte zu lesen, an denen sich die größten Schlachten des Befreiungskriegs zugetragen haben: Pleven, Plovdiv, Shipka und Mechka. Das Monument nach den Plänen von Antoniy Tomishko und Luigi Farabosco wurde mit Hilfe von Spendengeldern errichtet und nach einer zweijährigen Bauzeit 1884 eingeweiht. Der Standort war einstmals ein osmanischer Friedhof.

Adresse Doktorska Gradina, 1504 Sofia Center | ÖPNV Metro M 1, M 2 oder Bus 9, 280, 306, Haltestelle Sofia Universität Sv. Kliment Ohridski | Tipp Ganz in der Nähe, in der ul. Krakra 11, in einer sehr schönen, ruhig gelegenen Villa, ist das Restaurant »Club of Architects«. Hier genießt man bodenständiges Essen in einem hübschen Garten und stimmungsvollen Ambiente.

24 Die doppelte Botschaft

Tricksereien der Geschichte – der Botschaftstausch

Ganz zentral, nur einen Steinwurf von der Alexander-Nevski-Kathedrale entfernt, stehen die Gebäude der österreichischen und der italienischen Botschaft. Die Auslandsvertretungen befinden sich auf benachbarten Grundstücken auf dem Areal zwischen der Shipka-Straße und dem Tsar-Osvoboditel-Boulevard. Die italienische Botschaft ist beige und im klassizistischen Stil gehalten. Die österreichische ist hellrosa, im venezianischen Stil gebaut und von der Neorenaissance geprägt. Wie bitte? Man muss kein großer Architekturexperte sein, um zu erkennen: An der Sache stimmt etwas nicht!

In der Tat handelt es sich um einen wohl einmaligen Streich der Geschichte. Denn ursprünglich war es genau umgekehrt. Rechts, in der Shipka-Straße 2, im beigen, nach den Plänen des Architekten Peter Paul Brang gebauten Haus, eröffnete im Winter 1883 die österreichische Botschaft. Und links, unter der Nummer 4, entstand zwischen 1905 und 1910 die vom Architekten Enrico Bovio errichtete rosa Villa der italienischen Gesandtschaft. So war das acht Jahre lang, bis zum Ende des Ersten Weltkriegs. Bei Kriegsende gehörte Österreich-Ungarn zu den Verlierern, was zum Zerfall und Ende der Doppelmonarchie führte. Die politischen Verhältnisse verschoben sich auch in Sofia: Die österreichische Botschaft wurde von italienischen Truppen in Besitz genommen. Zwar wurde Österreich ein Teil des Gebäudes zugesprochen, doch die drastisch geschrumpfte Alpenrepublik wollte zum einen eine Ausgleichszahlung an Italien verhindern, zum anderen benötigte sie ein so großes Gebäude gar nicht mehr.

Auf der Suche nach einer Lösung wurden der Wert des Objekts geschätzt und Verhandlungen geführt. Am 14. Februar 1925 wurde Österreichs Anteil gegen die kleinere italienische Botschaft getauscht. Und so weht heute die italienische Fahne am Gebäude der ehemaligen österreichischen Botschaft – und umgekehrt.

Adresse ul. Shipka 2 & 4, 1000 Sofia Center | ÖPNV Trolleybus 9, Haltestelle pl. Aleksander Nevski | Tipp Direkt zwischen den Botschaftsgebäuden an der Seite zur Shipka-Straße steht ein detailliert bemalter Stromkasten in Schwarz-Weiß mit roten Akzenten – einer der vielen farbenfrohen Stromkästen in der bulgarischen Hauptstadt.

25 Der Druzhba-See

Kakofonischer Froschgesang und herrliche Fotokulisse

Der Druzhba-See liegt südöstlich vom Zentrum der Hauptstadt im gleichnamigen Park. Er wurde zur Baustoffgewinnung für die Bauarbeiten am gleichnamigen Wohnkomplex ausgehoben und füllte sich durch Regen und Grundwasser. Lange war der Ort eine kahle Baugrube. Im Laufe der Jahre hat sich das Gelände aber deutlich verschönert. Eine Fußgängerbrücke teilt den größten See Sofias in zwei Teile.

Der Rundgang um den See ist in vielerlei Hinsicht interessant. Westlich der Fußgängerbrücke liegt das Kulturzentrum Iskar, mit regelmäßigen Theatervorführungen, einem Kino und einer Bibliothek. Am anderen Ende der Brücke führt eine Treppe zu der kleinen »Heiliger Naum Ohridski«-Kirche. Sie ist eine spirituelle Oase mit einem Schmuckkästchen als Innenraum. Den dunkelbraunen Schnitzaltar und die Wände des Tempels zieren atemberaubend schöne, grelle, farbige Fresken. Weiter südlich am See liegt eine andere schöne Kapelle, die Kirche der Heiligen Muttergottes.

Unbeschreiblich ist die Aussicht während der Seeumrundung. Urbanität und die Schönheit der Natur treffen aufeinander. Mit dem Vitosha-Gebirge, den hochragenden Plattenbauten und einem oft dramatischen Himmel im Hintergrund bietet das Seepanorama einen absoluten Insta-Spot. Manchmal auch mit einer geräuschvollen Zugabe, denn zwischen April und Juni wird es um den See herum laut. Sehr laut sogar. Ohrenbetäubendes Froschgequake macht sich breit, und alles wird von einem kakofonischen Gesang übertönt. In diesen Zeitraum fällt nämlich die Paarungszeit der Amphibien. Männliche Frösche buhlen um die Gunst der potenziellen Partnerin und geben alles, um ihre Aufmerksamkeit zu wecken. Ihr Gequake kann 80 Dezibel, also die Lautstärke eines Presslufthammers, erreichen. Nur dass es hier viele, sehr viele Presslufthämmer beziehungsweise Frösche sind. Es ist ein unfassbares Naturereignis, das man sich nicht entgehen lassen sollte.

Adresse 1592 Druzhba, Sofia | **ÖPNV** Metro M2, Haltestelle Iskarsko Shose | **Tipp** Vom Kulturzentrum aus kann man über die ul. Ivan Arabadzhiyata einen kleinen Abstecher zum regionalen Markt (»Pazar Druzhba«) machen. Er ist täglich zwischen 8 und 19 Uhr geöffnet. Ein kleiner Imbiss verkauft rund um die Uhr die bulgarische Blätterteigdelikatesse Banitsa.

26 Der durstige Drache

Dinieren in märchenhafter Atmosphäre

Das grünblaue Gebäude in der Nähe des Perlovska-Flusses wirkt wie ein verzaubertes Hexenhäuschen. Märchenhaft ist auch sein Name, der auf ein Fabelwesen hinweist: den Drachen. Auf dem Schild neben dem Eingang ist er nicht zu übersehen. Er ist grün, korpulent, sitzt breitbeinig, hebt einen großen Bierkrug und trinkt genüsslich daraus. Er scheint entschlossen, so lange zu trinken, bis sein Durst gestillt ist. Doch geht man vom Namen der Lokalität aus, hat er immer Durst. »Der durstige Drache« (»Zhadnata Lamya«) heißt dieses Gasthaus.

Innen ist es urig, mit der Gemütlichkeit einer alteingesessenen Eckkneipe. Erst der Sommer lässt das Hexenhäuschen erblühen und verwandelt es in einen magischen Ort. Es ist der Garten mit den üppigen Pflanzen und gedimmter Abendbeleuchtung, der viele Gäste lockt. Auf der Speisekarte stehen zwar auch Schnitzel mit selbst gemachten Pommes, vor allem aber bietet das kulinarische Angebot die Gelegenheit, sich durch die typischen Spezialitäten des Landes zu kosten. Als Vorspeise eignet sich das »Kyopolou«, eine Creme aus gebackenen Auberginen. Auch der Klassiker, der »Shopska-Salata« (Salat nach Art der Schopen) darf nicht fehlen. Alternativ empfiehlt sich die um Pilze, Ei und Schinken erweiterte Variante, der »Ovcharska Salata« (»Schäfer-Salat«). An der Lieblingsgrillbeilage der Einheimischen, der gegrillten Paprika, führt kaum ein Weg vorbei. Denn in Bulgarien, so auch in Sofia, wird viel und überall Paprika gegrillt, selbst auf den Balkonen. Für diesen Zweck wurde sogar ein Haushaltsgerät, der »Chushkopek« (»Paprika-Bräter«) entwickelt.

Doch zurück zum durstigen Drachen: Seinen Durst zähmt er zum Beispiel mit »Vitosha Lale« (»Tulpe von Vitosha«), einem Bier aus lokaler Herstellung. Am Ende des kulinarischen Abends sind der Hunger gestillt und der Durst gelöscht – vielleicht sogar der des durstigen Drachen.

Adresse ul. 13-ti Mart 2, 1142 Sofia Center | ÖPNV Bus 72, 76, 204, 604, Haltestelle ul. 6-ti Septemvri | Öffnungszeiten Mo–So 12–23 Uhr | Tipp Wenn es hier voll ist, lohnt es sich, auf die Schnelle sein Glück in der nahe gelegenen »Aubergine« in der ul. Carnegie 11 zu versuchen. Ein wunderbares kleines Restaurant mit ausgezeichneter Speisekarte, die sowohl vegetarische als auch Fisch- und Fleischgerichte bietet.

27 Der Empfangssaal

Ehemalige Staatsempfänge und sechs Kilo pures Gold

Das Gebäude mit der Nummer 1 im Residenzviertel der Regierung im Stadtteil Boyana war einst die renommierteste Adresse Bulgariens. Es war die ehemalige Präsidentenresidenz von Todor Zhivkov, der zwischen 1954 und 1989 kommunistischer Staatschef von Bulgarien war. Es ist ein horizontales Gebäude, das sich wie ein Monstrum am Fuße des Vitosha-Gebirges ausbreitet. Doch irgendwie ist es auch schön. Vielleicht, weil es so unwirklich erscheint. Vom Foyer führt eine breite Treppe nach oben, direkt in den gigantischen Hauptsaal. Dank einer deckenhohen Glasfront Richtung Vitosha eröffnet sich einer der imposantesten Ausblicke Sofias. Der Berg wirkt wie eine kitschige Fototapete. Der Saal ist überwältigend. Die Holzdecke ist mit Schnitzereien verziert. In der Mitte ein immenser Kronleuchter, der wie ein Baldachin aussieht. Der repräsentativste Raum der Residenz war einst der Ort für Staatsempfänge.

Seit 2000 befindet sich hier das Nationale Historische Museum, das größte Museum der gesamten Balkanhalbinsel. Mehr als 700.000 Exponate werden hier aufbewahrt. Die Ausstellung zeigt einen umfassenden Überblick über die bulgarische Geschichte der letzten 8.000 Jahre. Das Glanzstück der Ausstellung ist der einzigartige Goldschatz der Thraker, der in Panagyurishte, östlich von Sofia, gefunden wurde. Der Schatz aus dem 3. Jahrhundert vor Christus ist weltbekannt und wiegt insgesamt sechs Kilo – allein die Amphore, deren Henkel Zentauren nachbilden, wiegt mehr als anderthalb Kilo.

Wer sich im Museum genauer umsieht, bemerkt, dass es hier und da Reparaturbedürftiges gibt. Auch der Kronleuchter leuchtet aus Kostengründen nur noch zu besonderen Anlässen. Es fehlt an Geld. Da der Weg zum Museum ziemlich weit ist, kommen nicht so viele Besucher hierher. Es könnte also passieren, dass man den pompösen Hauptsaal ganz für sich alleine hat. Besuchen sollte man ihn allerdings unbedingt.

Adresse ul. Vitoshko lale 16, 1404 Boyana, Sofia | ÖPNV Bus 63, 111, Haltestelle Nim | Öffnungszeiten Nov.–März 9–17.30 Uhr (Einlass bis 16.45 Uhr), April–Okt. 9.30–18 Uhr (Einlass bis 17.15 Uhr) | Tipp Mit dem Bus 63 fährt man drei Stationen weiter in Richtung Byalata Cheshma und steigt an der Haltestelle kv. Boyana aus. Von hier ist die mittelalterliche Kirche von Boyana nur etwa 750 Meter entfernt.

28 Das Erdbeerhaus

Ein verlassenes Haus und seine anhaltende Magie

Ein Haus im Dornröschenschlaf. Und seine Geschichte beginnt folgendermaßen: Es war einmal ein Bankier namens Dimitar Ivanov. Er und seine Frau Nadezhda Stankovich träumten von einem Haus, in dem sie die Sofioter High Society beim Tee verzaubern könnten. Sie beauftragten den bulgarischen Architekten Georgi Kunev, der in Österreich und Karlsruhe studiert hatte, ihren Traum zu verwirklichen. Das sagenhafte Haus wurde ab 1927 im Jugendstil erbaut. Drei Jahre dauerte es, bis die Bankiersfamilie in ihr Märchenhaus einziehen konnte.

Fünf königliche Schlafzimmer und ein großer Herrenraum für das Geschäftliche boten genug Platz für die Bankiersfamilie und ihre Gäste. Im Untergeschoss befanden sich die Küche, die Räume für die Bediensteten und der Weinkeller für die vorzüglichen Dessertweine. Im Winter traf sich die Gesellschaft im Salon um den imposanten, aus rotem Marmor gebauten Kamin.

Obwohl das Haus gegenwärtig verlassen ist, hält seine Magie an. Steht man heute als Zaungast vor dem Erdbeerhaus, kann man förmlich spüren, wie sich damals die Gesellschaft auf der Terrasse um die Konzertbühne versammelte und dem Orchester lauschte. Man hört fast, wie sich die Musik mit dem Klimpern und Klirren des silbernen Teegeschirrs mischte, während sich im Garten der Geruch frischer Erdbeeren ausbreitete. Es ist leicht, sich vorzustellen, was es zum Tee gab: natürlich die Spezialität des Hauses, die selbst gemachte Erdbeermarmelade.

Die Erdbeer-Idylle dauerte nur 14 Jahre. 1944 wurde das Haus, wie so viele in Sofia, verstaatlicht. Bevor die Botschaft Rumäniens einzog, diente es als Domizil hochrangiger sowjetischer Nomenklatura. In den 1990er Jahren wanderte das Erdbeerhaus in den Besitz der Erben der Bankiersfamilie und wurde verkauft. Gleichzeitig wurde es unter Denkmalschutz gestellt. Seitdem wartet es darauf, aus seinem Dornröschenschaf geweckt zu werden.

Adresse ul. San Stefano 6, 1504 Sofia Center | ÖPNV Straßenbahn 20, 22, Haltestelle San Stefano | Öffnungszeiten nur von außen zu besichtigen | Tipp Einen kurzen Spaziergang entfernt lockt in der Marin-Drinov-Straße 30 das kleine Café »+Tova« mit sehr leckerem Kuchen und einer großen Tee-Auswahl.

29__Die Etage 8

Eine Galerie mit Vogelperspektive

Sofia wird oft als das neue Berlin bezeichnet. Wer Berlin in der Umbruchphase der Neunziger kennengelernt hat, weiß, wie unberechenbar, spontan und kreativ die deutsche Hauptstadt damals war. Genau diese Energie spürt man heute in Sofia. Experimentell und unerschrocken, impulsiv und improvisiert, originell und immer wieder erfinderisch. Zwar ist die Gentrifizierung in der Innenstadt schon zu spüren, doch noch gibt es genug Platz und Luft, um das Feuer der Inspiration zu entfachen und kreative Träume wahr werden zu lassen.

Elena Antonova hatte so eine Vorstellung und hat sich im nördlichen Industriegebiet von Sofia ihren kreativen Traum verwirklicht: eine eigene Galerie. Und wählte das Zitat von Picasso »Alles, was du dir vorstellen kannst, ist real« als Motto für den neuen Ausstellungsraum, den sie »Etage 8« nannte. Durch Zufall entdeckte sie eine ehemalige Schneiderwerkstatt und renovierte diesen einmaligen Raum drei Jahre lang. Ihr Traum: ein Raum für Künstler, Ideen und einen kulturellen Austausch. Lesungen, Ausstellungen, Konzerte stehen auf dem Programm.

Das achtstöckige Gebäude steht neben einer Lkw-Garage. Mit einem alten Fahrstuhl geht es in die oberste Etage. Von hier führt ein schwarz gestrichener Korridor zum Hauptraum. Riesig und lichtdurchflutet empfängt uns dieser außergewöhnliche Ort. Die Innenarchitektur, die Kunstwerke und die Aussicht berauschen augenblicklich.

Hier sollte man lange verweilen, sich in einer der Sitzecken ausruhen und die Kunstwerke betrachten. Und auf jeden Fall eine Kamera dabeihaben. Denn wenn die goldene Stunde naht, wird die Aussicht auf Sofia von hier aus ein Spektakel. Dann beleuchtet die Abendsonne die drei rot-weiß gestreiften Schornsteine des Elektrokraftwerkes, die mit dem Vitosha-Gebirge im Hintergrund eine perfekte Sonnenuntergangs-Kulisse bilden.

Adresse bul. Iliyantsi 42, 1200 NPZ Voenna rampa, Sofia | **ÖPNV** Straßenbahn 12, Haltestelle ZAG Dinamik AD, dann 600 Meter zu Fuß | **Öffnungszeiten** Mo–Sa 11–18 Uhr | **Tipp** Ganz in der Nähe, in der ul. Iliyansko Shose 3, neben dem alten Wasserturm, lockt die kleine Pizzeria »Pri Kulata« mit frischer Foccacia.

30 Der Frauenmarkt

Pulsierender Handel, heute nicht nur von Frauen

Der Frauenmarkt (»Zhenski Pazar«) ist der älteste Markt in Sofia. Ursprünglich am Ostrand der Stadt gelegen, zog der Handel 1889 auf den Platz neben der Banya-Bashi-Moschee. Als ebenda 1913 die Bauarbeiten für das Zentrale Mineralbad (heute das Museum der Stadtgeschichte Sofias) begannen, wechselte der Markt an den heutigen Standort. Es ist ein belebter, lauter und kunterbunter Ort, der seit der Renovierung 2014 ein wenig aufgeräumter wirkt. Die populären Grillstände sind verschwunden und mit ihnen die streunenden Hunde. Unverändert blieb jedoch die Beliebtheit des Frauenmarkts. Hier ist immer viel los. Der Markt gilt als der billigste der Hauptstadt. Händler aus der Umgebung verkaufen hier täglich ihre Waren. Die Auswahl an Früchten, Gemüse, Schafskäse oder Oliven ist groß. Am Marktrand verkaufen ältere Menschen das saisonal Geerntete aus ihrem Garten, selbst Eingekochtes oder Honig in Gläsern. Neben den Lebensmitteln gibt es Kleider, Keramik und Gewürze, aber auch Ramsch aus China.

Es gibt zwei Theorien, warum der Markt Frauenmarkt heißt. Die erste erzählt, dass Ende des 19., Anfang des 20. Jahrhunderts der Markt Menschen aus allen sozialen Schichten anzog. Weniger wohlhabende Familien brachten ihre Töchter im heiratsfähigen Alter zum Markt, um eine gute Partie machen. Die zweite beruht darauf, dass auf dem größten Markt der Hauptstadt Frauen die Geschäfte abwickelten. Frauen verkauften an Frauen, denn der Haushalt war eben Frauensache.

Das Flair der umliegenden Straßen ist von Einwanderern geprägt, die sich in den letzten Jahren niederließen. Es gibt syrische Geschäfte, libanesische Imbisse, persische Bäckereien und kurdische Restaurants. Mittendrin, in der Ulitsa Lozengrad 5, ein Fotomotiv: die farbenfrohe Wand von »Tochka« (»Punkt«), einer bekannten Graffiti-Künstlerin. Das Bild wurde von den Geschichten geflüchteter Frauen inspiriert.

Adresse bul. Stefan Stambolov, 1202 Sofia Center | ÖPNV Straßenbahn 20, 22, Haltestelle Zhenski Pazar | Öffnungszeiten Mo–So 8–19 Uhr | Tipp Kaffee, Nüsse, getrocknetes Obst und Gewürze bekommt man bei »Adams« in der ul. Bratya Miladinovi 42. Man sollte auf jeden Fall eine kleine Kostprobe vom Nationalgewürz Chubritsa (Bohnenkraut) erwerben.

31 Das G8-Kino

Der Ort für alternative Filme

Es ist nicht immer einfach, in einem fremden Land ins Kino zu gehen, allein schon wegen der Sprache. In Sofia jedoch kann man das. Dort laufen die meisten Filme im Original mit Untertiteln. Da aber auch in Sofia immer mehr Einkaufszentren mit großen Kinos entstanden sind, laufen zumeist Mainstream-Blockbuster. Wer auf der Suche nach einem feinen Art-Kino ist, ist im kleinen Kino des Kulturzentrums G8 gut aufgehoben.

Das G8-Kino ist der »kleine Bruder« des etablierten Euro Cinema auf dem Alexandar-Stamboliyski-Boulevard. G8 kommt vom Straßennamen, denn das Kino findet man in der Gladstone-Straße unter der Nummer 8. Ein kleines lila-weißes Schild am schmalen grünen Tor deutet auf den Eingang hin. Der Weg führt zwischen Hauswänden in einen kleinen Innenhof, linker Hand das Kinogebäude. Im Café in der lichtdurchfluteten Haupthalle mit dem Glasdach kann man dank einer guten Wi-Fi-Verbindung auch wunderbar am Laptop arbeiten. Starten nicht gerade Filmvorführungen, ist es hier meist ruhig.

Das Arthaus-Kino zeigt ausgewählte und preisgekrönte bulgarische und internationale Filme, auch Klassiker, Independent-Produktionen, Kurz- und Dokumentarfilme. Wann es nur geht, laufen im G8 Filme, die auf 35 Millimeter gedreht wurden. Aber das digitale Zeitalter hat auch das G8 erreicht. Das Publikum verteilt sich auf drei Säle. Zu bestimmten Zeiten kann es vorkommen, dass man mit nur zwei oder drei Leuten eine Privatvorstellung erlebt.

Im Sommer, von Anfang Juli bis Ende September, kommt ein weiteres Kino hinzu. Im schmalen Innenhof erwartet das Hofkino (»Kino Dvor«) die Filmliebhaber unter dem Sternenhimmel. Nach Einbruch der Dunkelheit beginnt die Vorführung. Aus Rücksicht auf die Anwohner werden Kopfhörer verteilt. Ein im Kartenpreis enthaltener Aperol Spritz gehört zur Freiluftvorführung dazu. Nun steht einem romantischen Kinoabend nichts mehr im Wege …

Adresse ul. William Gladstone 8, 1000 Sofia Center | **ÖPNV** Straßenbahn 1, 4, 5, 6, 7, 8, 10, Haltestelle pl. Makedonia | **Öffnungszeiten** Mo–So 9–23 Uhr | **Tipp** In der gleichen Straße unter der Nummer 2 findet man das »Veda House«, ein gemütliches, bezauberndes veganes Teehaus.

32 Die Galerie für eine Nacht

One-Night-Stand-Gallery – eine Nacht mit der Kunst

Die Hristo-Belchev-Straße liegt im Zentrum und verläuft parallel der geschäftigen Fußgängerzone der Vitosha-Straße. Südlich der Kreuzung mit der Solunska-Straße fällt eine rotbraune Marmorwand auf. An ihrer linken Seite eine ebenfalls rotbraune Tür, die meistens verschlossen ist. Es ist die Eingangstür der »One-Night-Stand-Gallery«, die nur dann geöffnet ist, wenn ihr danach ist. Und auch dann nur kurz, nämlich nur für eine Nacht.

Der Begriff One-Night-Stand bezeichnet bekanntlich eine sexuelle Beziehung, die nur eine Nacht dauert. Aber er wird auch im Zusammenhang mit einer Performance verwendet. Man versteht darunter dann eine Aufführung, die nur einmalig an einem bestimmten Ort stattfindet.

In diesem Sinne zeigt die spontane One-Night-Stand-Gallery in unregelmäßigen Abständen Ausstellungen für nur einen Abend. Sie werden vorher – auch über Facebook – angekündigt. An diesen Abenden zelebriert die Galerie den feierlichen Moment der Vernissage. Doch zwischen Vernissage und Finissage liegen nur wenige Stunden. Kaum hat die Ausstellung angefangen, ist sie auch schon wieder vorbei.

Wenn diese Galerie zu einem One-Night-Stand auffordert, kommen die Gäste in Scharen. Wer schon einmal das Vergnügen hatte, weiß, diese Nacht wird voller Überraschungen stecken. Es wird eine Entdeckungsreise durch die zeitgenössische Kunst. Mal mit ernsthaften Themen wie Tier- und Naturschutz, mal mit einer Provokation oder einem Protest. Am Ende der steilen Treppen wartet immer ein neues Happening. Zum Beispiel ein horizontal aufgehängter nackter Mann, der beim Schaukeln seinen Kopf in die (gepolsterte) Wand schlägt. Oder eine Fotoausstellung mit dem schrägen Namen »Motorrad, Marihuana, Dum Dum«. Oft gibt es Musik, und die Abende enden in der Regel spät. Die einzige Frage, die immer wieder offenbleibt, lautet: Wann findet endlich der nächste One-Night-Stand statt?

Adresse Hristo Belchev 25, 1000 Sofia Center | ÖPNV Metro M 1, M 2, Haltestelle Serdika | Öffnungszeiten Events unter facebook.com/pages/one-night-stand-Gallery/618636228162994 | Tipp Wer nicht warten kann und sich für zeitgenössische Kunst interessiert, geht in die »Structura Gallery« in der ul. Kuzman Shapkarev 9 im Zentrum. Der Ausstellungsraum für moderne Kunst zeigt Arbeiten von lokalen und internationalen Künstlern.

33 Der Gedenkgarten

Meditieren im Rosengarten

Der Außenbezirk Izgrev ist eine gute Adresse. Neben Privathäusern befinden sich hier das russische Konsulat sowie die vietnamesische, die mongolische und auch die deutsche Botschaft. In dieser hochkarätigen Nachbarschaft fällt das kleine Grundstück an der Ecke der Nikola-Mirchev- und der Latinka-Straße ins Auge. Hinter dem weißen Zaun sieht man einen sorgsam gepflegten Garten mit vielen Blumen, hohen Gräsern und einigen Obstbäumen. Schmetterlinge schwirren umher, Vögel singen. Das Ganze strahlt eine außergewöhnliche Ruhe aus. Eine Atmosphäre, die zu innerer Ruhe führen sollte. Und genau so war es vom ersten Moment an gedacht …

Petar Danov, Sohn eines orthodoxen Priesters, kaufte das Grundstück im Jahr 1927. Nach dem Theologiestudium ging er seinen eigenen Weg. Bekannt war er unter seinem spirituellen Namen: Beinsa Duono. Er veröffentlichte Schriften, hielt über 7.000 Vorträge, komponierte mehr als 190 geistliche Lieder und gründete schließlich an dieser Stelle – die damals noch am Stadtrand von Sofia lag – eine Siedlung. Er lebte mit seinen Anhängern bis zu seinem Tod im Jahr 1944 in einer Art Kommune. Sein Grab ist der zentrale Punkt des Gartens. Es ist mit einem niedrigen weißen Zaun voller Pentagone umzäunt. Sie sollen die fünf Schlüssel der Spiritualität symbolisieren: Weisheit, Wahrheit, Tugend, Gerechtigkeit und Liebe. Das umliegende Blumenbeet ist so angelegt, dass es von oben wie eine Sonne aussieht.

Seit der Wende 1989 hat Duono einen Ehrenplatz im kollektiven Gedächtnis der Bulgaren erhalten. In einer Umfrage nach dem größten Bulgaren der Geschichte lag er an zweiter Stelle. Heute noch besuchen täglich Dutzende Bulgaren Danovs Garten. Sie verweilen auf den weißen Parkbänken, geben sich der Schönheit der Natur hin, meditieren, lesen in den ausliegenden Schriften oder gönnen sich einfach ein wenig Ruhe vom hektischen Hauptstadtalltag.

Adresse ul. Nikola Mirchev 30, 1113 Izgrev, Sofia | ÖPNV Metro M2, Haltestelle Joliot Curie | Öffnungszeiten immer geöffnet | Tipp Über die ul. Latinka führt der Weg zur ul. Nesabravka, die am nahen »Loven-Park« (»Jagd-Park«) liegt. Eigentlich ist es ein dichtes grünes Waldstück mitten in der Stadt, zu dem es mehrere Eingänge gibt.

34 Der geheime Aufzug

Von Kommunisten verborgen, durch den Zufall entdeckt

Am 1. November 2016 berichteten die bulgarischen Medien von einem sensationellen Fund in der Hauptstadt. Eine Museumsmitarbeiterin hatte im Keller des Ethnografischen Museums eine verstaubte Tür geöffnet und ihren Augen nicht getraut: Vor ihr stand ein sehr alter, gut erhaltener Aufzug der Schweizer Firma Schindler. Die Kabine des vergoldeten Aufzugs ist aus Holz. Die Wände sind elegant mit Holzdekor verziert. Über der kleinen, mit Seide bezogenen Sitzbank befindet sich ein Kristallspiegel. Der Fahrstuhl war für die Beförderung von zwei Personen ausgelegt. Er funktioniert leider nicht mehr, denn das Fahrwerk wurde irgendwann entwendet. Das Einzige, was funktionstüchtig ist, ist die vergoldete Gittertür. Der Fahrstuhl ist der drittälteste elektrische Aufzug in Europa – nach dem 1889 gefertigten Aufzug des Eiffelturms und dem 1892 errichteten Fahrstuhl im Pera-Palace-Hotel in Istanbul.

Der Aufzug ist derzeit, nach aufwendigen Restaurierungsarbeiten, im ersten Stock des Ethnografischen Museum im ehemaligen Königspalast zu bewundern, wo ihn König Ferdinand I. zwischen 1894 und 1896 installieren ließ. Er verband das Speisezimmer im Erdgeschoss mit dem zweiten Stock des Herrschaftshauses. Vermutlich konnten der König und seine Familie mit Hilfe des Aufzugs auf diskrete Art und Weise ihr Domizil verlassen oder Gäste empfangen.

Nach dem Zweiten Weltkrieg wurde aus dem Königspalast der Sitz des bulgarischen Ministerrats. Später teilten sich das Ethnografische Museum und die Nationalgalerie die Räumlichkeiten. In dieser Zeit hat sich das Innere des Schlosses deutlich verändert. Alles, was an die Monarchie erinnerte, wurde den Augen der Öffentlichkeit entzogen. So verschwand auch dieses Stück Technikgeschichte hinter der Kellertür und geriet in Vergessenheit. Bis zu dem Tag, an dem die neugierige Museumsmitarbeiterin die Kellertür wieder öffnete.

Adresse pl. Knyaz Aleksandar I. 1, 1000 Sofia Center | ÖPNV Metro M 1, M 2, Haltestelle Serdika | Öffnungszeiten Di – So 10 – 17 Uhr | Tipp Auf der Rückseite des Gebäudes im Tsarska Gradina steht das Trabant-Denkmal des Künstlers Georgi Donov. Es ist eine Hommage an den Trabi, das Kult-Auto der DDR.

35 Das gekrönte Haus

Ein ehemaliges Gasthaus namens Tetevenski Han

An der Ecke Boulevard Alexander Dondukov und Budapeshta-Straße steht ein auffälliges Eckgebäude. Es war einmal Teil eines aus drei Häusern bestehenden Ensembles, das als »Tetevenski Han« (Gasthaus von Teteven) bekannt war. Benannt nach der gleichnamigen Straße, die inzwischen in »Budapeshta« umbenannt wurde. Das Gebäude beeindruckt mit klassischen Formen und aufwendiger Dekoration. Die imposanten Säulen an den Fassaden enden in Kapitellen, die Löwenköpfe darstellen. Dazwischen weibliche Figuren. Ein absoluter Blickfang ist der runde Erker, der in einer kegelförmigen Kuppel endet. Elegant wird die Kuppel von einer in Handarbeit angefertigten Eisenbrüstung eingerahmt, die einer Krone ähnelt. Von Weitem wirkt das Haus mit der Krone majestätisch.

Das Bauwerk gehörte dem Geschäftsmann Georgi Georgov. Er ließ es zwischen 1881 und 1922 bauen. Er war Geschäftsmann und Direktor einer seinerzeit bekannten New Yorker Versicherungsgesellschaft. Er hat das Haus für seine Tochter Mara bauen lassen. Am Anfang war es ein niedriges Gasthaus mit einer Wirtschaft im Erdgeschoss und Gasträumen im Hochparterre. Mara und ihr Ehemann bewirtschafteten das Gasthaus, und das, obwohl er zudem auch noch Minister und Botschafter Bulgariens in Istanbul war. Zwischen 1900 und 1910 wurden weitere Stockwerke sowie der Turm fertiggestellt. Die letzten Umbauten wurden 1933 durchgeführt und stellten das Ursprungsgebäude in den Mittelpunkt. Nach 1945 wurde das Haus Staatseigentum, die Familie Pavlov wurde enteignet. Zwischenzeitlich wurde das Tetevenski Han vernachlässigt, bevor es 1978 zum Kulturdenkmal erklärt wurde. 14 Jahre später ging das Haus wieder in den Besitz der Pavlov-Familie über, an Maras Sohn, Georgi Pavlov. 2017 wurden die Renovierungsarbeiten abgeschlossen. Seitdem erstrahlt das fünfstöckige Haus mit der Krone würdevoll in neuem Glanz.

Adresse bul. Kniaz Aleksandar Dondukov 13 (Ecke Budapeshta), 1000 Sofia Center | ÖPNV Straßenbahn 20, 22, Haltestelle Natsionalna Opera | Öffnungszeiten nur von außen zu besichtigen | Tipp Direkt an der Straßenbahnhaltestelle sieht man ein beeindruckendes Graffito von Bozko, einem der bekanntesten Graffiti-Künstler Sofias. Das gesellschaftskritische Werk zeigt einen hungernden Schauspieler und macht damit auf die elende Situation der Künstler im Land aufmerksam.

36 Die gelben Pflastersteine

Eine teure Rutschpartie

In »Der Zauberer von Oz« führt die gelbe Steinstraße in die Smaragdstadt. In Sofia führt sie durch das Zentrum. Tausende gelbe Steine pflastern seit 1907 den Weg. In der Sonne glänzen sie golden, im Regen sind sie nicht ganz unschuldig an gefährlichen Rutschpartien.

Als das westliche Europa längst in der Moderne angekommen war, befand sich Sofia nach einer fast 500-jährigen osmanischen Besatzung in vielerlei Hinsicht noch tief im Mittelalter. Das Ziel war es, die befreite Stadt von einer orientalischen in eine europäische Stadt umzuwandeln. Sie sollte Optimismus, Freiheit und Frohsinn ausstrahlen. Ein gewaltiges Unterfangen, denn Sofia war damals Neuland für gepflasterte Straßen.

Der Legende nach waren die gelben Ziegelsteine ein Hochzeitsgeschenk. Als der spätere Zar, Prinz Ferdinand I., 1893 Prinzessin Marie-Louise heiratete, wollte er ihr eine Stadt wie Wien oder Budapest zu Füßen legen. Seine Habsburger Cousins wollten ihm den Wunsch erfüllen und ließen die Ziegel als Hochzeitsgeschenk herstellen. Tatsächlich sind sie das Ergebnis guter Stadtpolitik. Der damalige Bürgermeister Martin Todorov sprach sich 1906 zuerst in einer Rede vor dem Gemeinderat für die gelben Ziegel aus. Doch sie kosteten ein Vermögen. Für die Prachtstraße verschuldete sich die Stadt Sofia schwer. Schließlich wurden die kostbaren Pflastersteine aus einer Fabrik in Budapest importiert. Nach nur zwei Jahren glänzten 60.000 Quadratmeter gelbes Pflaster auf Sofias zentralen Straßen.

Heute heißt das Zentrum der Hauptstadt im Volksmund »Gelbe Kopfsteine«. Im Zweiten Weltkrieg wurden sie beschädigt und ersetzt. In den Augen der kommunistischen Regierung waren sie Prunk der Bourgeoisie, doch niemand wagte es, sie anzurühren. Und so glänzen sie noch heute zwischen dem ehemaligen Königspalast und dem damals gebauten Parlamentsgebäude – die gelben Kopfsteine von Sofia.

Adresse pl. Knyaz Aleksandar I., 1000 Sofia Center | ÖPNV Metro M 1, M 2, Haltestelle Serdika | Tipp Für eine kleine Pause bis spät in die Nacht bietet sich ein Besuch der »One More Bar« an. Sie befindet sich am nördlichen Ende der Tsar-Shishman-Straße in der Nähe des Tsar-Osvoboditel-Denkmals. Es gibt Kaffee, kleine Speisen und sehr gute Cocktails.

37 Das Geld-Museum

Prägungen der Geschichte im Museum der Nationalbank

Wer sich für Münzen interessiert, muss sich in Sofia unbedingt den Dienstag freihalten. Denn nur dann hat die Münzausstellung der Nationalbank geöffnet. Pünktlich sollte man auch sein, denn der Besuch ist nur ab 13 Uhr für 150 Minuten möglich. Der Zutritt in die Festung der Nationalbank ist kostenlos. Das imposante Gebäude wurde 1939 fertiggestellt. Die Architekten wurden für dieses Bauwerk verehrt. Nicht zuletzt, weil sie sich weigerten, die benachbarte Bujuk-Dschamija-Moschee aus dem 15. Jahrhundert (heute das Archäologische Museum) für ihr Projekt abzureißen.

Wenn eine Stadt reich an Geschichte ist, liegt es nah, dass sie Spuren hinterlässt. Auch in Form von Münzen. Wie Sofia. Völker kamen und gingen. Während der jahrtausendealten Geschichte der Hauptstadt siedelten sich hier im 5. Jahrhundert vor Christus die Thraker an. Später die Serden, die Römer, die Byzantiner, die Slawen, die Osmanen. Fürsten und Zaren regierten, bis der Kommunismus Einzug hielt. Und alle zahlten mit Geld. Aus Gold, Silber, Bronze, Kupfer, Eisen, Zink, Aluminium oder Papier. 1.000 Münzen und Geldscheine sind ausgestellt. Bereits 1969 wurden hier in einer temporären Ausstellung historische Zahlungsmittel gezeigt. In den folgenden Jahren wuchs die Sammlung nur langsam an. Den Anlass zur Eröffnung des Geldmuseums am 25. Januar 1999 lieferte schließlich der 120. Jahrestag der Nationalbank.

Die Münzausstellung befindet sich auf der ersten Etage auf der Galerie der Haupthalle und ist historisch kategorisiert – in mit grünem Samt ausgekleideten Tischvitrinen. Neben den Zahlungsmitteln sind alte Telefone, Waagen oder Tischrechner aus den Anfangsjahren der Nationalbank ausgestellt.

Im Haus, das über die Währung des Landes wacht, bekommt man das Gefühl, dass Geld schon immer die Welt regierte – und einen ausführlichen Blick auf die Geschichte Sofias aus einer interessanten Perspektive.

Adresse pl. Knyaz Alexander I. 1, 1000 Sofia Center | ÖPNV Metro M 1, M 2, Haltestelle Serdika | Öffnungszeiten Di 13–15.30 Uhr | Tipp Eine atmosphärische, kurze und enge Straße ist die ul. Malko Tarnovo. Sie führt steil hinunter zum bul. Kniaz Aleksandar Dondukov, am Bühneneingang des »Mladezhki Teatar (Jugendtheater) Nikolay Binev« vorbei.

38 Die Georgi-Markov-Statue

Ein tödliches Geburtstagsgeschenk

Auf dem Journalistenplatz im Ortsteil Lozenets steht die Statue von Georgi Markov. Unter seinem Arm trägt er ein Buch – als wäre er unterwegs zu einer der Parkbänke, um ein wenig zu lesen. Auffällig sind die Blumen, die am Sockel seiner Skulptur niedergelegt wurden. Aber warum legen die Menschen immer wieder Blumen zu Markovs Füßen?

Der Schriftsteller Georgi Markov war der kommunistischen Regierung Bulgariens stets ein Dorn im Auge. 1969 emigrierte er und arbeitete als Journalist in London. Wiederholt kritisierte er das Regime seines Heimatlands und verhöhnte den bulgarischen Diktator Todor Zhivkov.

Markovs Spott blieb nicht ohne Folgen. Was passierte, erinnert frappierend an einen James-Bond-Film. Als sich Georgi Markov am 7. September 1978 (dem Geburtstag von Todor Zhivkov) auf der Waterloo Bridge aufhielt, stach ihm ein Mann mit einem Regenschirm in die Wade. Ein Zufall? Ohne Bedeutung? Markov wusste nicht: In seinem Bein steckte eine 1,62 Millimeter kleine Kugel, die mit dem tödlichen Nervengift Rizin präpariert war. Man hatte zwei Löcher in das Projektil gebohrt, das Gift hineingefüllt und die Öffnungen mit Zuckerguss verschlossen, der sich bei Körpertemperatur langsam auflöste. Es dauerte vier Tage, bis das Gift Georgi Markovs Leben mit 49 Jahren ein Ende setzte. Der Attentäter war ein Agent des bulgarischen Geheimdienstes. Untersuchungen im Jahr 2008 ergaben, dass der Mord auf Befehl von Todor Zhivkov ausgeführt wurde, das Gift für die Kapsel lieferte der KGB.

Der Mord an Markov ging als das Regenschirmattentat in die Geschichte ein und inspirierte seither Filmemacher und Schriftsteller. Das Sprichwort auf Markovs Denkmal soll die Menschen daran erinnern, dass Freiheit und Meinungsfreiheit nicht immer selbstverständlich waren: »Es sind die Lebenden, die den Toten die Augen schließen. Es sind die Toten, die den Lebenden die Augen öffnen.«

Adresse pl. Zhurnalist, 1164 Sofia | **ÖPNV** Straßenbahn 10, Haltestelle Ploshtad Zhurnalist | **Tipp** Direkt gegenüber im Käseladen »Dobrev« in der ul. Hristo Smirnenski 44 gibt es Käsespezialitäten und andere Delikatessen. Die hausgemachte Limonade kann man auf einer Bank auf dem Journalistenplatz genießen.

39 Der geteilte Schädel

Partyzone im Schatten der Geschichte

Der Gradina Kristal (»Kristall-Garten«) ist ein kleiner, gut besuchter Stadtpark. Die berühmte Crystal-Bar, nach der er benannt wurde, gibt es nicht mehr. Aber der Freigeist der Stammgäste – Poeten, Schriftsteller und Dissidenten – hält bis heute an. 1988 war er Schauplatz jener Kundgebung, die den politischen Funken entzündete, der ein Jahr später zum Ende des kommunistischen Regimes führte.

An der Seite zur Rakovski-Straße steht ein makabres Denkmal: der menschengroße Kopf von Stefan Stambolov. Mitten im Schädel ein länglicher Riss. Er soll daran erinnern, dass Stambolov 1895 ganz in der Nähe einem Attentat zum Opfer fiel. Der kontroverse Politiker spaltet noch heute die bulgarische Gesellschaft. Die einen halten ihn für einen gerissenen Politiker und Patrioten, der für die Befreiung von der osmanischen Herrschaft und die Unabhängigkeit Bulgariens gekämpft hat. Die anderen sehen in ihm einen Tyrannen, der Zeitungen verbot und die Gewalt nicht scheute. Wahrscheinlich haben beide Seiten recht.

Schon als Teenager kämpfte Stambolov für die Befreiung des Landes. Gerade einmal 33 Jahre alt, wurde er Ministerpräsident. Als erster bulgarischer Politiker nahm er Kredite auf und baute damit die landesweite Infrastruktur aus. Er gründete mit der Sofioter die erste Universität des Landes. Sein Talent, die Gelegenheit beim Schopfe zu packen, brachte ihn weit. Doch wie alle brisanten Politiker hatte auch er mächtige Feinde. Am 15 Juli 1895 wurde er mit einem Krummsäbel und einem Messer auf offener Straße angegriffen und starb drei Tage später. Die Identität der Attentäter ist bis heute ungeklärt.

Doch das ist Geschichte, und der »Crystal Garden« erlangte in ganz anderer Hinsicht Berühmtheit: Er wurde zum Party-Spot der Jugend. Zwei Bars und einige Spätkauf-Läden sorgen für Proviant. An Sommerabenden feiern die Menschen unter freiem Himmel bis in die Morgenstunden.

Adresse Crystal Garden Park, 1000 Sofia Center | **ÖPNV** Trolleybus 9, Haltestelle pl. Alexander Nevski | **Tipp** Gute Musik für die Party gibt es in der Nähe in der 6-ti-Septemvri-Straße 7A. Im Plattenladen Dukyan Meloman stöbert man bei Jazzmusik in den Regalen.

40 Der Gevrek-Stand

Der bulgarische Bruder des Bagels

Hinter der Zentralmarkhalle Halite, unweit der Sofioter Synagoge, befindet sich die Ulitsa Ekzarh Yosif. In dieser schmalen Straße versperrt ein kleiner Verkaufsstand den Fußweg. Vielversprechend sieht er nicht aus, doch die kaufwütige Menschentraube davor deutet darauf hin, dass es hier etwas Gutes gibt. »Warmes Gevrek«, steht auf einem Aufkleber am Fenster.

Eigentlich ist das Gevrek eine Art runde Brezel. Es wurde vor rund 500 Jahren im Osmanischen Reich als »Simit« erfunden und verbreitete sich rasch über Griechenland (wo es »Koulouri« heißt) nach Mazedonien, Serbien und Bulgarien. Hier nennt man die Hefeteigringe »Gevrek«, eine Bezeichnung, die ursprünglich aus der Region von Izmir kommt. Auch die Zubereitungsart variiert von Region zu Region. Die Zutaten sind Hefe, Wasser, Mehl, Butter und Salz. In Bulgarien wird das Gevrek, ähnlich wie der Bagel, mit der Hand gerollt und 30 Sekunden in Wasser gekocht. Das erhöht die Krustenbildung beim Backen, und der Teig im Inneren bleibt weich. Es kann mit Sesam oder mit Mohn bestreut werden. Die erste jüdische Aufzeichnung zu Bagels datiert von 1610 in Krakau. Damals schaute das bulgarische Gevrek bereits auf eine über 90 Jahre dauernde Erfolgskarriere zurück. Die Bulgaren nennen es deshalb den älteren Bruder des Bagels.

Früher verkauften Straßenhändler die Gevreks in kleinen Wagen an Straßenecken und in den Parks von Sofia. Heute bekommt man sie in Bäckereien. Und die frischesten und besten eben an diesem Verkaufsstand. Es empfiehlt sich, zum warmen Gevrek einige Oliven in der Markthalle zu kaufen und den Snack in historischer Atmosphäre, im Park am Banski-Platz, zu verzehren. Von hier aus genießt man den Blick auf die Markthallen, die Synagoge sowie die benachbarte Banya-Bashi-Moschee. Mit einem Gevrek in der Hand, der mal ein Simit war und schließlich zum Bagel wurde, sitzt man hier goldrichtig.

Adresse ul. Ekzarh Yosif 21, 1000 Sofia Center | **ÖPNV** Metro M1 oder M2, Haltestelle Serdika | **Öffnungszeiten** Mo–Sa 8–19 Uhr, So 8–18 Uhr | **Tipp** Die Ekzarh-Yosif-Straße wird im Volksmund ab hier Richtung Osten bis zum Frauenmarkt auch »Schuhstraße« genannt. Mit Recht, denn ein Schuhgeschäft reiht sich an das nächste.

41 Die Glocken

Wo es die DDR noch gibt

Kambanite (»Die Glocken«) heißt ein Monument, das seine Besucher augenblicklich in die kommunistische Vergangenheit versetzt. Am Fuße des Vitosha-Gebirges, in der Nähe des Wohngebiets Mladost, befindet sich der »Internationale Park der Kinder der Welt«. Doch statt Kindern findet der Besucher hier sehr viel Beton und noch mehr Glocken.

In der Mitte des Parks steht der 37 Meter hohe zentrale Glockenturm mit der Aufschrift: »Einheit, Kreativität, Schönheit«. Die sieben Glocken symbolisieren die sieben Kontinente. Um sie herum stehen halbkreisförmige Wände, an denen gestiftete Glocken aus aller Welt befestigt sind. Die akustische Weltreise kann beginnen. Das Schild mit dem Hinweis, dass nur Kinder die Glocken läuten dürfen, lässt sich bei einer solchen Verlockung schnell ignorieren. Und es macht so richtig Spaß! Manche Glocken läuten tief, andere elegant, einige überraschend schrill und ganz wenige gar nicht. Das schönste Exemplar der Sammlung ist eine von Japan gestiftete Tempelglocke. Beeindruckend sind der indonesische Gong und die 1.300 Kilo schwere bulgarische Glocke. Auf der Suche nach der deutschen Glocke wird man gleich zweimal fündig. Sowohl die BRD als auch die DDR sind vertreten. Hier ist die Zeit stehen geblieben und die alte Weltordnung noch präsent. Selbstverständlich findet man auch Glocken aus der Sowjetunion, Jugoslawien und der Tschechoslowakei.

Die Glockenanlage wurde 1979 für das Treffen des Internationalen Kinderparlaments »Banner des Friedens« errichtet. Das UNESCO-Projekt wurde wegen seines Erfolgs jedes dritte Jahr wiederholt. Bis zur Wende 1989 trafen 3.900 Kinder aus 138 Ländern auf 14.000 bulgarische Kinder. Seitdem wird die Anlage nicht mehr gepflegt. Ein Versuch, den Glockenpark 1996 zu schließen, scheiterte an den Protesten der Bewohner von Mladost, und das größte Percussion-Instrument Europas blieb erhalten.

Adresse 1756 Sofia | ÖPNV Metro M2 bis Haltestelle Mladost 1, von dort mit dem Bus 111, Haltestelle Kino Arena I, von hier 10 Minuten Fußweg über die ul. Malakreze – oder mit dem Taxi | Öffnungszeiten Mo–So 8–22 Uhr | Tipp Wer sehen möchte, wie das Leben im kommunistischen Sofia war, sollte die »Rote Wohnung« aufsuchen. Sie ist bis ins letzte Detail zeitgetreu eingerichtet. Besichtigen kann man sie täglich 10.30–18 Uhr, die Eintrittskarten gibt es im Shop »Gifted« in der ul. Ivan Denkoglu 24, von hier aus wird man hingeführt.

42 Das Grab von Seraphim

Gebete auf Papier

Die kleine russische Kirche Sveti Nikolay am Boulevard Tsar Osvoboditel ist weithin bekannt. Aber nur wenige kennen ihre Krypta und ihr Geheimnis. Wenn man links vom Haupteingang neben der Kirche entlangläuft, sieht man eine kleine Seitentür aus Holz. Steile, enge Treppen führen hinab in einen kleinen Raum, in dem Tische und Stühle stehen. Auf den Tischen zurechtgeschnittenes Papier und Stifte. Menschen sitzen an den Tischen und schreiben. Einige mit zitternder Hand, andere mit Tränen in den Augen. Sie schreiben ihre Gebete auf, die sie an den hier begrabenen Seraphim adressieren.

1914 wurde der russische Priester Seraphim Sobolev Erzbischof dieser Kirche in Sofia. Er galt als besonders gütig, seine aufrichtige Liebe zu den Menschen machte ihn auch bei der bulgarischen Bevölkerung rasch sehr populär. Gläubige behaupteten, dass seine Gebete und sein Beistand zur Lösung ihrer Probleme und zur Heilung schwerer Krankheiten führten. Immer mehr Menschen wandten sich in ihrer Not an Seraphim. Und immer mehr glaubten an die wundersame Kraft seiner Gebete.

Als Seraphim 1950 den nahenden Tod spürte, sammelte er seine Anhänger um sich. Die Nachricht von seinem kommenden Ableben verbreitete sich rasch. Fast panisch fragten die Menschen, an wen sie sich fortan mit ihren Gebeten und Problemen wenden sollten. Seraphim versprach ihnen, sie nach seinem Tod nicht im Stich zu lassen. Alles, was sie tun müssten, sei, ihre Gebete auf Papier aufzuschreiben und sie in der Nähe seines Grabes zu deponieren. Man sagt, er halte sein Versprechen bis heute. Tagtäglich bildet sich in der Mitte der Krypta eine lange Schlange von hilfesuchenden Menschen. Sie stehen an, um an Seraphims Grab zu beten und ihren Gebetsbrief in der dafür vorgesehenen Urne zu hinterlegen. 2016, also 66 Jahre nach seinem Tod, wurde Seraphim als Wundertäter von Sofia heiliggesprochen.

Adresse bul. Tsar Osvoboditel 3, 1000 Sofia Center | ÖPNV Metro M 1, M 2, Haltestelle Serdika, von hier aus zu Fuß über den pl. Nezavisimost auf der ul. Tsar Osvoboditel | Öffnungszeiten Mo–So 8–18.30 Uhr | Tipp Ein weiteres religiöses Highlight ist das neu renovierte Gebäude der Heiligen Synode in der ul. Oborishte 4. Es ist das oberste Organ der bulgarisch-orthodoxen Kirche, an deren Spitze der Patriarch steht.

43 Das Graffito Santa Dobri

Street-Art verziert die Sowjetplatte

Das Hadzhi-Dimitar-Quartier im Osten von Sofia ist trostlos und grau. Besser gesagt fast grau, denn hier und da ragen aus der in Sowjetzeiten errichteten Plattenbausiedlung hausgroße bunte Wandbilder. Eins davon ist das Graffito von Santa Dobri, einem graubärtigen alten Mann, der nicht nur als Wandbild viele Jahre lang das Stadtbild von Sofia prägte. »Opa Dobri« (»Dyado Dobri«), wie ihn die Bevölkerung liebevoll nennt, war ein Bettler, der wegen seiner asketischen Lebensweise auch als der Heilige von Baylovo bezeichnet wurde.

Geboren wurde Opa Dobri im Jahr 1914. Während des Zweiten Weltkriegs explodierte eine Bombe neben ihm und hinterließ ihn taub. Um das Jahr 2000 herum verschenkte er sein ganzes Hab und Gut an die Kirche, lebte seitdem von seiner bescheidenen Rente und ging täglich bei Wind und Wetter zu Fuß von seinem Dorf Baylovo in die Hauptstadt. An seinem Stammplatz am Eingang der berühmten Alexander-Nevski-Kathedrale bat er tagtäglich die Besucher um Geld. Sofioter, Touristen, gar ganz Bulgarien kannte diesen freundlichen Bettler, der in selbst gemachter Kleidung und Galoschen mit liebevollen Augen und zerzausten, schulterlangen weißen Haaren immer für ein gemeinsames Foto zu haben war.

Doch er sammelte das Geld nicht für sich selbst, sondern spendete es an renovierungsbedürftige Kirchen und mehrere Waisenhäuser. Bis zu seinem Tod im Jahr 2018 verteilte er um die 40.000 Euro. Auch die Alexander-Nevski-Kathedrale erhielt 17.000 Euro.

2011 fand das erste »Urban Creatures«-Festival statt, ein Street-Art-Festival in Sofia, das seitdem jährlich wiederholt wird. Bekannte internationale und bulgarische Straßenkünstler bekamen im Stadtteil Hazdhi Dimitar gigantische Häuserwände als Leinwand zugewiesen. Unter ihnen Nasimo, der erste und bekannteste Street-Art-Künstler Bulgariens, der zu diesem Anlass den beliebten und geliebten Opa Dobri verewigte.

Adresse ul. Ostrovo. Blok 57 B, 1510 kv. Hadzhi Dimitar, Sofia (gegenüber der kleinen Kirche Evangelska Petdesyatna Tsarkva-2) | ÖPNV Trolleybus 2 (zum Beispiel ab der Universität Sveti Kliment Ohridski), Haltestelle ul. Ostrovo | Öffnungszeiten nur von außen zu besichtigen | Tipp »Urban Creatures« hat auf der Webseite urbancreatures.bg/map/ zehn weitere Wandbilder von Nasimo und Künstlern wie Etam Cru oder Bozko eingezeichnet. Ein Spaziergang in der Plattenbausiedlung lohnt sich, denn es kommen immer mehr neue Werke hinzu.

44 Das Haus mit den Titanen

Barocker Prunk auf den Rücken

In der engen Graf-Ignatiev-Straße fährt die Straßenbahn an einem Gebäude vorbei, das als »Das Haus mit den Titanen« bekannt ist. Es wurde 1914 als Wohn- und Mehrfamilienhaus des Fabrikanten Kosta Balabanov erbaut. Das Gebäude fällt auf, die barocke Architektur ist äußerst plastisch. Es gibt drei Erkerfenster, Balustraden, offene und überdachte Terrassen. Ionische Säulen und üppige Dekorationen aus Spiralen, Kartuschen und Masken verzieren das Bauwerk. Wenn die Tür offen ist, dann nichts wie rein! Eine Treppe aus poliertem Granit und ein schmiedeeisernes Geländer, Schnitzereien und Ornamente verschönern den Innenraum. Namensgebend für das Haus ist jedoch der Eingang, der von zwei großen Figuren, den Titanen, flankiert wird.

In der griechischen Mythologie sind Titanen Riesen in Menschengestalt. Die Figuren am Eingang sind der Figur des Atlas, »des Tragenden«, entlehnt. Er war der Titan, der das Himmelsgewölbe am westlichsten Punkt der damals bekannten Welt stützte. In der bildenden Kunst wird er oft mit der Weltkugel dargestellt. In der Architektur übernimmt er eine tragende Funktion. Die gebeugten Titanen vom Balabanov-Haus stützen zwar nur den Erker, scheinen aber das ganze Haus auf ihrem Rücken zu tragen.

Das Haus ist das Werk des bekanntesten bulgarischen Architekten, Nikola Lazarov. Ein königliches Stipendium ermöglichte Lazarov den Abschluss an der École Spécial d'Architecture in Paris. Im Gegenzug arbeitete er nach seiner Rückkehr drei Jahre als Hofarchitekt. In dieser Zeit entwarf er den nordöstlichen Flügel des Königspalasts und gemeinsam mit Antonín Kolář den Zentralen Militärklub in Sofia.

1896 machte sich Lazarov als erster Architekt Bulgariens selbstständig. Seitdem nahm er Aufträge von reichen Händlern und Geschäftsleuten an. Insgesamt tragen über 60 bemerkenswerte Gebäude in Bulgarien seine Handschrift.

Adresse ul. Graf Ignatiev 2, 1000 Sofia Center | ÖPNV Straßenbahn 10, 12, 18, Haltestelle pl. Garibaldi | Tipp Direkt nebenan bietet die Konditorei Confetti verführerische Torten und vor allem sehr gutes Eis in 66 oftmals ausgefallenen Sorten, wie Schokolade-Blauschimmel, Apfelstrudel, Karamell-Meersalz und Mohn-Minze, an. Hinten gibt es eine Terrasse.

45 Das Haus von Sofia

Die größte bulgarische Tragödin

Eine sonnige Villa mit einer hübschen Gartenterrasse. Auf der Terrasse Menschen, die sich bei dezenter Jazzmusik angeregt unterhalten. In den großzügigen Innenräumen weitere Gäste. Vor dem Marmorkamin eine Frau mit einer Geige in der Hand. Auf dem Klavier Noten. Die Vorbereitungen für das Abendkonzert haben begonnen. Viele Kunstinteressierte kommen, wenn dieser neu entstandene Kunstraum, das Haus von Sofia, seine Tore für eine Veranstaltung öffnet. Das kulturelle Zentrum lockt mit Konzerten, Ausstellungen und intellektuellem Austausch mit und zwischen Dichtern und Künstlern. Das war hier wohl auch früher so, als eine der größten bulgarischen Schauspielerinnen, Adriana Budevska, hier lebte.

Budevskas Talent wurde entdeckt, als sie 17 Jahre alt war. Von keinem Geringeren als dem Dichter, Schriftsteller und Namensgeber des Nationaltheaters Ivan Vazov. Mit einem Stipendium begann sie 1895 eine vierjährige Ausbildung am Maly-Theater in Moskau und spielte danach 20 Jahre lang am Nationaltheater in Sofia.

Budevska gilt als die größte Tragödiendarstellerin ihrer Zeit und die Begründerin des modernen bulgarischen Theaters. Das Publikum lag ihr zu Füßen, weil sie selbst die kompliziertesten Rollen mit unglaublicher Leichtigkeit meisterte. Budevska spielte mehr als 100 Rollen.

Am Theater lernte sie ihren Mann kennen und fand eine erfüllende Liebe. Doch nicht nur auf der Bühne, auch privat war die Tragik ihr Schicksal. Als ihr geliebter Mann zu Beginn des Ersten Weltkriegs fiel, versank sie in einer Depression. Weitere Schicksalsschläge folgten: zuerst der Tod ihrer Tochter, später der des Sohns. Ihr anderer Sohn emigrierte nach Buenos Aires. Sie folgte ihm, als sie 1926 frühzeitig pensioniert wurde, und kehrte erst mit 70 Jahren nach Ausrufung der Volksrepublik nach Sofia zurück. Sieben Jahre lang, bis zu ihrem Tod, lebte sie in diesem Haus.

Adresse ul. Midzhur 12, 1164 Lozenets, Sofia | ÖPNV Straßenbahn 10, 12, 18, Haltestelle pl. Zhurnalist | Öffnungszeiten Events unter facebook.com/pg/ArtHouseSofia/events | Tipp Einen ausgedehnten Spaziergang entfernt, am bul. James Bourchier nahe dem Borisova Gradina, steht ein festungsähnliches gelbes Haus aus den 1950er Jahren. Es beherbergte zunächst das Studentenwohnheim der Parteihochschule und ist seit den 1960er Jahren die Fakultät für Chemie und Pharmazie der Universität von Sofia.

46 Die Hinrichtungsstätte

Vom Todes- zum Aussöhnungsort

Folgt man dem Weg vor dem Eingang des Hilton-Hotels Richtung Osten und läuft parallel zum verkehrsreichen Sofia-Boulevard, erblickt man ein gelbes, T-förmiges Haus. Es wurde in den 1930er Jahren gebaut und war ursprünglich eine Kaserne. Das Gelände diente als militärischer Übungsplatz und wurde auch als Truppengefängnis genutzt. Heute beherbergt es einen Boxclub – und im vorderen Teil ein Museum, das der nationalen Versöhnung dienen soll.

Nur selten finden sich Besucher an diesem Ort ein, erzählt die Museumsmitarbeiterin. Sie holt einen Schlüssel und fordert auf, ihr zu folgen. Sie schließt eine Tür am Ende des Hofs auf. Dahinter befindet sich ein schmaler dunkler Raum, der fast wie ein Tunnel wirkt. Inzwischen ist alles renoviert, trotzdem fühlt man sich sofort in die Zeit zurückversetzt, als hier noch Hinrichtungen stattfanden. Beton, Glas und ein Mauergewölbe dominieren das Bild. Ein langer Weg führt vom Standort des Exekutionskommandos zu der Stelle, wo die Hingerichteten zusammenbrachen. Beklommenheit macht sich breit, während man im Dämmerlicht den Weg der Kugeln abläuft.

55 Menschen wurden hier im Zweiten Weltkrieg zwischen 1941 und 1944 hingerichtet. Sie galten als Feinde des Staats, die meisten von ihnen waren Antifaschisten oder Mitglieder der Kommunistischen Partei. Unter ihnen auch der bekannte Dichter Nikola Vaptsarov. Seine letzten Gedichte entstanden hier in nur wenigen Stunden. Darunter jenes, dem der Lyriker den Titel »Das Allerletzte« gab. Nach den Strophen das Datum und die Uhrzeit: 14 Uhr, 23. Juli 1942.

Obwohl die Schießanlage bereits 1958 zum Denkmal von nationaler Wichtigkeit erklärt wurde, blieb sie bis 1969 in Betrieb. Heute ist sie ein Mahnmal für die Opfer politischer Gewalt in Bulgarien. Im Garten wurde eine Statue mit weinenden Frauen errichtet. Die Trauer zerreißt sie sichtlich. Ein äußerst verstörender Ort …

Adresse bul. Bulgaria 1, 1421 Sofia | ÖPNV Bus 9 oder Trolleybus 7, Haltestelle Hotel Hilton (Achtung: Auf Googlemaps ist der Ort falsch angegeben!) | Öffnungszeiten Mo–Fr 10–17 Uhr | Tipp Hier beginnt der sogenannte Hundepark des Südparks. Außer vielen Hunden gibt es auch kleinere Hügel, auf denen man sich ausruhen und sich des Vitosha-Panoramas erfreuen kann. Im Juni findet hier das Jazzfestival statt mit kostenlosen internationalen Konzerten.

47 Die Holzhütte auf dem Berg

Die »Hizha Bay Krustyo« – Zufluchtsort für Wanderer

Die kleine, längliche Hütte aus dunkelbraunem Holz wirkt improvisiert. Vor und neben dem Häuschen stehen Holzbänke. Im Sommer werden sie von Wanderern und Familien belagert, denn keiner will sich einen Zwischenstopp im malerisch gelegenen Krustyo-Häuschen entgehen lassen. An der Seitenwand der Hütte ist immer reichlich Brennholz aufgereiht. Für den Kamin, wie beim Betreten augenblicklich klar wird. Die Einrichtung ist karg: Tische, Stühle und Regale sind einfach und funktionell. Im Winter ist es weniger voll, dafür aber wesentlich gemütlicher. Ehrliche Hausmannskost ist angesagt. Bohnen aus dem Ofen, eine saisonale Brennnesselsuppe oder Kachamak, ein bulgarisches Polenta-Gericht mit Schafskäse, stehen auf der Tageskarte. Tee und Bier gibt es natürlich auch.

Namensgeber Krustyo Dimov Grozev wurde 1883 geboren und war ein Bergsteiger aus Sofia, der das Vitosha-Gebirge liebte. Zu Beginn des 20. Jahrhunderts errichtete er an dieser Stelle einen Brunnen und eine kleine Hütte als Zufluchtsort. In den Wäldern traf Krustyo oft auf verlorene Wanderer, denen er eine warme Mahlzeit und auch die Übernachtungsmöglichkeit in der Hütte anbot. Die Idee mit den Mahlzeiten weitete sich schon zu seinen Zeiten aus. Nicht zuletzt, weil hier malerische Routen beginnen. Die Hütte ist ein guter Ausgangs- oder Ankunftspunkt für Wanderungen.

»Bay Krustyo« (»Väterchen Krustyo«), wie der passionierte Bergsteiger liebevoll genannt wurde, lebte bis zu seinem Tod 1962 auf dem Berg. Zusammen mit seiner Frau Tashka wurde er gleich in der Nähe, an der Abzweigung zum Aleko-Chalet, begraben. Seine Hütte kann man heute ganz in seinem Sinne auf einer anderthalbstündigen Wanderung von Dragalevtsi aus erreichen – oder mit der Seilbahn, dem Bus oder Auto. Egal, wie man ankommt – es sollte am Wochenende sein. Denn nur dann hat die Hütte geöffnet.

Adresse J842+46 Sofia | ÖPNV von der Metrostation Vitosha (M2), Bus 66, Haltestelle Zaslon Bay Krustyo | Öffnungszeiten Sa, So 9–19 Uhr | Tipp Nach einem halbstündigen, ebenen Wanderweg kommt man zu der kleinen Schutzhütte »Kikish«, die ebenfalls nur am Wochenende geöffnet hat. Von hier aus führt ein Weg nach unten zum Kloster von Dragalevtsi.

48 Das Honorius-Grab

Ein Zeugnis von Sofias bewegter Geschichte

Die bulgarisch-orthodoxe Kirche Sveta Sofia (Heilige Weisheit Gottes) befindet sich in unmittelbarer Nähe der berühmten Alexander-Nevski-Kathedrale. Sie ist eine der ältesten Kirchen in Europa und die zweitälteste der Stadt. Etwa 20 Meter nordwestlich vom Eingang steht eine moderne Glaskonstruktion. Sie ermöglicht einen Blick nach unten, auf eine aus Ziegeln gebaute Ruine. Immer wieder kommt jemand mit einem Schlüssel aus der Kirche, schließt die Tür auf und begleitet Besucher in die Tiefe. Doch was verbirgt sich dort unten?

Das Gotteshaus wurde in den letzten Jahren aufwendig renoviert. Während der Arbeiten entdeckte man eine Sensation: Unter der Kirche liegen eine Nekropole mit 56 römischen Gräbern und eine weitere Ruhestätte, etwas weiter entfernt. Es ist das einzige Grab mit einer Inschrift, die sich auf eine Person bezieht. »Honorius, Diener Gottes«, steht über der Grabstätte. Das Honorius-Grab ist die Ruhestätte des Bischofs von Serdika aus römischer Zeit. Seit 2014 ist die ehemalige Totenstadt unter der Sveta-Sofia-Kirche ein beeindruckendes unterirdisches Museum und das Honorius-Grab ein Teil der Ausstellung.

Die Sveta Sofia wurde Mitte des 6. Jahrhunderts unter der Herrschaft des römisch-byzantinischen Kaisers Justinian I. errichtet. Teile der Kirche existierten jedoch bereits im frühen Christentum um das Jahr 311. Zu dieser Zeit war sie die Hauptkirche der antiken Stadt, die damals noch Serdica hieß. Im Jahre 342 war das Gotteshaus der Schauplatz des Konzils von Serdica, das den Religionsfrieden im Römischen Reich sichern sollte. Zum Konzil reisten 316 Bischöfe aus Europa, Afrika und Asien an, unter den Teilnehmern soll auch der frühchristliche Bischof Honorius gewesen sein. Ab dem 11. Jahrhundert wurde die Sveta Sofia das Zentrum des Erzbischoftums. Ihr Ruhm war so groß, dass sie im 14. Jahrhundert zur Namensgeberin der Stadt wurde.

Adresse ul. Paris 2, 1000 Sofia Center | **ÖPNV** Trolleybus 9, Haltestelle pl. Alexander Nevski | **Öffnungszeiten** Di–So 10–17.30 Uhr (Einlass bis 17 Uhr) | **Tipp** Das älteste Bauwerk Sofias ist die Rotunde des Sveti Georgi aus dem 4. Jahrhundert. Die Kirche steht im Innenhof des Staatspräsidiums. Bewundernswert: ihr mit Fresken geschmückter zylindrischer Kuppelbau.

49 Die Horo-Tanzfläche

Ein Sonntagabend im Zweivierteltakt

Sonntagabends ertönt bulgarische Volksmusik auf dem Platz vor dem Eingang des Nationaltheaters. Dann erscheint eine Frau in beeindruckender Tracht. Augenblicklich gesellen sich mehrere Menschen zu ihr, die bereits auf diesen Moment gewartet haben. Sie halten sich an der Hand und tanzen in einer gewundenen Reihe über den Platz. Dieser Tanz heißt Horo, ein beliebter Volkstanz der Bulgaren.

Der Horo stammt vom altgriechischen Reigentanz ab, der Chorea. Er verbreitete sich in Südosteuropa, wo er unterschiedliche Namen hat. Der bulgarische Horo wird im offenen Kreis oder in der Reihe getanzt. Dabei halten sich die Tänzer an der Hand oder am Gürtel fest. Während der über 500-jährigen osmanischen Herrschaft hat der Horo in Bulgarien eine besondere Rolle eingenommen: Die Teilnahme am Tanz auf dem Dorfplatz bedeutete, dass man zur christlichen Gemeinschaft gehörte und sich von den muslimischen Besatzern abgrenzte.

Die einfachste Variante des Reihentanzes wird im Zweivierteltakt getanzt und heißt Pravo Horo (»gerader Kreistanz«). Es gibt kompliziertere Varianten mit asymmetrischem Rhythmus und einer ungeraden Taktung, die viel Geschick verlangen. Getanzt wird immer nach rechts, gegen den Uhrzeigersinn. Der Taktgeber tanzt am rechten Ende und gibt den Weg vor. Je nach Personenzahl entwickelt sich die Kette zu einer Spirale, die sich zuerst zuzieht, in der Mitte wendet und dann wieder zu einem größeren Kreis wird.

Auch vor dem Nationaltheater wird die Spirale immer länger. Immer mehr Passanten gesellen sich dazu. Am Ende des Abends tanzen über 50 Menschen, alte wie junge, den beliebten Horo. Jeder kann mitmachen. Die Schritte sind leicht zu lernen, und es macht Spaß, mitzutanzen. Auch nach Einbruch der Dunkelheit geht das bunte Treiben weiter, solange die Tanzführerin und die Musik den Takt angeben. Dann wird es still auf dem Platz. Bis zum nächsten Sonntagabend.

Adresse ul. Dyakon Ignatiy 5, 1000 Sofia Center | **ÖPNV** Straßenbahn 10, 12, 18, Haltestelle pl. Slaveykov | **Öffnungszeiten** Bei Wind und Wetter geht es jeweils eine Stunde vor Sonnenuntergang los, im Sommer meistens um 18 Uhr, im Winter um 16 Uhr. | **Tipp** Eine weitere beliebte Open-Air-Tanzveranstaltung ist das »Swing and Beer«. Es findet nur bei gutem Wetter statt, am Nationaltheater oder auch am NDK. Die Events starten meistens um 21 Uhr und werden unter facebook.com/pg/SwingAndBeer/events/ angekündigt.

50__Das jüdische Sofia

Menschlichkeit, Mut und Entschlossenheit

In der Moskovska-Straße, die an der Sveta-Sofia-Kirche vorbeiführt, sind drei hohe Marmortafeln aufgestellt. Ihre Inschriften sind auf Hebräisch, Englisch und Bulgarisch. Die erste Tafel erinnert an den bulgarischen König Boris III. und ehrt seine Frau Giovanna. Die Tafel ist eine Huldigung für ihr Mitwirken an der Rettung der bulgarischen Juden während der dunklen Zeit des Holocaust. Die zweite Tafel ist der bulgarisch-orthodoxen Kirche, ihren Oberbischöfen sowie dem einstigen stellvertretenden Parlamentspräsidenten Dimitar Peshev gewidmet. Sie und weitere mutige Männer und Frauen werden für ihren Einsatz bei der Rettung der jüdischen Bevölkerung Bulgariens im Zweiten Weltkrieg geehrt. Die dritte Tafel erzählt diese Geschichte: Im Jahre 1943, auf dem Höhepunkt des Holocaust, passierte in Bulgarien etwas Einzigartiges. Führende Politiker, die Königsfamilie, die Oberhäupter der bulgarisch-orthodoxen Kirche, Ärzte, Juristen, Arbeiter und Bürger schlossen sich zusammen und retteten 49.000 bulgarische Juden vor der Deportation.

Obwohl Bulgarien ein Verbündeter des Deutschen Reichs war und sogar den antijüdischen Rassengesetzen zugestimmt hatte, gelang es dem Land, die Deportation seiner jüdischen Bevölkerung zuerst auszusetzen und schließlich zu verhindern. »Keiner kann die Bulgaren überzeugen, die Juden zu hassen«, sagte Adolf Heinz Beckerle, der deutsche Gesandte in Sofia, beim letzten Versuch, die Deportation der bulgarischen Juden zu organisieren.

Die 2.000-jährige Geschichte der jüdischen Bevölkerung in Bulgarien und auch die Politik des Landes im Zweiten Weltkrieg ist komplex. Junge Sofioter bieten deshalb zweimal in der Woche eine kostenlose zweistündige Stadtführung zu diesem Thema an und erzählen, wie es passieren konnte, dass Bulgarien das einzige Land im deutschen Einflussbereich war, in dem nach dem Krieg mehr Juden lebten als davor.

Adresse ul. Moskovska, 1000 Sofia Center | ÖPNV Trolleybus 9, Haltestelle pl. Alexander Nevski | Tipp Wer mehr erfahren möchte, schließt sich der »Free Jewish Tour« an (https://freesofiatour.com/sofia-jewish-tour). Treffpunkt ist vor dem Justizpalast. Die Synagoge von Sofia kann man Montag bis Freitag von zehn bis 16 Uhr auch ohne die Tour besuchen.

51_Das Kamanite

Ein Familienrestaurant hinter dem Garagentor

Ein vermodertes Garagentor aus Holz, wie es sie in Sofia tausendfach gibt. Mitten im Kvartal, dem ehemaligen jüdischen Viertel Sofias, das zwischen den vier Haupt-Boulevards Maria Luisa, Dondukov, Vasil Levski und Slivnitsa liegt. Um zwölf Uhr mittags öffnen die Besitzerinnen, zwei Schwestern, das Tor. Dahinter verbirgt sich ein Garten mit Weinlauben, Obst- und Feigenbäumen, Wildblumen und Schmetterlingen. Hier und da Tische und Stühle. Das »Kamanite« hat geöffnet.

Von April bis Ende Oktober erwartet die Familie täglich ihre Gäste. In dem Haus, in dem sie auch wohnen. Ihren Garten und das Erdgeschoss haben sie in ein Familienrestaurant verwandelt, das sie seit den 1990er Jahren betreiben. Auch die Kinder helfen mit. Es ist ein weithin unbekannter Ort, der zumeist nur von Anwohnern besucht wird. Auf der Karte stehen die Lieblingsspeisen der Familie: hausgemachte Köstlichkeiten, vom Ehemann der einen Schwester zubereitet.

Die Speisekarte ist recht einfach, und die Spezialitäten der Bulgaren wie der Shopska-Salat fehlen nicht. Marinierte Pilze mit Knoblauch und Dill, gegrillter Schaschlik, panierter Schafskäse und eine Karaffe Ayran. Letzterer steht nicht einmal auf der Speisekarte, man muss sich schon ein wenig auskennen, um auf die Idee zu kommen, ihn zu bestellen. Ein bestechender Ort – es fühlt sich an, als wäre man im Urlaub oder für einige Stunden bei Freunden in der Datscha. Entsprechend ist das Tempo – wer es eilig hat, ist hier fehl am Platz, denn es dauert etwas, bis die Speisen an den Tisch kommen.

Der Wein klettert und reift über den Köpfen, Katzen streunen um die zehn Tische herum. In den Räumen des 1911 gebauten Hauses sind gemütliche Wohnzimmer eingerichtet. Hierhin kann man sich an kühleren Abenden zurückziehen. In den Wintermonaten zieht sich dann auch die Familie zurück. Das Garagentor und der Garten bleiben bis zum Frühling geschlossen.

Adresse ul. Sv. Sveti Kiril I Metodiy 52, 1202 Sofia Center | **ÖPNV** Trolleybus 9, Haltestelle ul. Pop Bogomil | **Öffnungszeiten** Mo–Fr 12–22 Uhr, Sa 18–22 Uhr, So geschlossen, die saisonale Öffnung ist wetterabhängig, deshalb nachsehen unter facebook.com/restorantkamanite | **Tipp** Der atmosphärische »Club Sterling« in der ul. Ekzarh Yosif 103 ist bis zur Decke mit Bildern, alten Möbeln und Fernsehgeräten vollgestopft und sehr wohnlich und gemütlich. Ab Frühling kann man auch draußen sitzen.

52 Die Kirche des Schusters

Der heilige Nikolay von Sofia und sein Grab

Die Kirche des heiligen Nikolay von Sofia ist nach der berühmten Alexander-Nevski-Kathedrale die zweitgrößte Kirche der Hauptstadt. Sie liegt im gleichnamigen Park. Das nach den Plänen des Architekten Anton Torniov gebaute Gotteshaus wurde 1900 eingeweiht. Zur Eröffnung kamen so viele Leute, dass die Straßen um die Kirche überfüllt waren. Überraschend ist hingegen, wie wenig diese schöne Kirche heute besucht wird. Ihre markante Fassade und der überwältigende Innenraum strahlen trotz ihrer Größe behagliche Wärme aus. Die hohen Kuppeln und Wände sind mit meist in Blau gehaltenen Fresken bemalt. Zahlreiche spektakuläre Ikonostasen zeichnen sich durch Leichtigkeit und Liebe zum Detail aus. Sie sind das Werk des russischen Künstlers Nikola Rostovtsev.

Namensgeber der Kirche war ein einfacher, frommer Schuhmacher. Selbst als er reich wurde, bedachte er immer die Armen. Seine Beliebtheit brachte die osmanischen Besatzer auf die Idee, ihn zum muslimischen Glauben zu bekehren – mit List und Gewalt. Sie gaben ihm einen Schlaftrunk und beschnitten ihn. Doch der Schuhmacher blieb eisern. Später wurde er verhaftet und gefoltert, aber er wollte einfach nicht nachgeben. Schließlich wurde Nikolay von Sofia am 17. Mai 1555 an dem Ort, wo heute die nach ihm benannte Kirche steht, zu Tode gesteinigt. Sein Leichnam wurde verbrannt und seine Asche zerstreut, um die Erinnerung an ihn auszulöschen. Einem Jungen gelang es jedoch, Knochenstücke seiner Überreste aufzusammeln und zu retten.

Heute befindet sich das Grab des inzwischen heiliggesprochenen Schuhmachers mit seinen Reliquien in dieser Kirche. Jedes Jahr am Vorabend seines Todestags füllt sich das Gotteshaus. Dann verlassen die Überreste des heiligen Nikolay Sofiyski ihre Ruhestätte und führen eine beeindruckende Prozession an. In Erinnerung an den Schuhmacher, der als Märtyrer für den christlichen Glauben starb.

Adresse ul. Pirotska 76, 1303 Sofia | ÖPNV von der Zentralmarkthalle Straßenbahn 22, Haltestelle ul. Opalchenska | Öffnungszeiten Mo–Sa 7.30–18 Uhr, So 7.30–14 Uhr | Tipp Ganz in der Nähe, in der ul. Opalchenska 66, befindet sich das Polytechnik-Museum. Eine lustige Zeitreise in die Vergangenheit zwischen alten Computern, veralteten Fernsehkameras sowie prähistorischen Motorrädern und Autos.

53 Das Kirchenmuseum

Die Ikonostasen von Sofia

Die Theologische Fakultät der »Sveti Kliment Ohridski«-Universität befindet sich an einem der zentralen Plätze Sofias, dem Sveta-Nedelya-Platz. Das auffällig schöne, verschnörkelte Gebäude ist das Werk von Friedrich Grünanger. In Sofia tragen mehrere Baulichkeiten seine Handschrift, wie der Justizpalast in unmittelbarer Nachbarschaft oder die Sofioter Synagoge in der Nähe. Zeitgleich mit der Fertigstellung des Baus eröffnete 1923 im Gebäude der Theologischen Fakultät das Nationale historisch-archäologische Kirchenmuseum der Heiligen Synode, ein Museum, in dem äußerst wertvolle religiöse Exponate ausgestellt sind. Man muss klingeln, um hineinzugelangen.

Die hellen Ausstellungsräume strahlen eine Wohnzimmeratmosphäre und Wärme aus. Sie sind mit gemusterten Teppichen in dezenten Farben ausgelegt. Hier und da stehen alte Möbelstücke, auf denen die Ausstellungsstücke präsentiert werden. In den verglasten Schränken alte Bücher, auf den Regalen Ikonen. Die Wände zieren zahlreiche Gemälde, in allen Räumen sind beeindruckende Ikonen und Ikonostasen aufgestellt.

Eine Ikonostase ist eine Ikonenbildwand, die den Kirchenraum vom Altarraum trennt. Meistens haben Ikonostasen drei Türen: die Mitteltür, auch Königstür genannt, sowie die Süd- und die Nord-Tür. Auf dem Höhepunkt eines Gottesdienstes wird die Königstür, der Eingang in die göttliche Welt, geöffnet. In der orthodoxen Kirche werden die Ikonostasen aufwendig aus Holz geschnitzt und mit Ikonen geschmückt. Aufbau und Thematik sind vorgegeben, die Ausführung ist individuell. In Bulgarien entwickelten sich mehrere berühmte Schulen der Ikonenmalerei. Im Museum sind Ikonen von Meistern der führenden vier Schulen Samokov, Debar, Tryavna und Bansko ausgestellt. Eine Perle unter ihnen ist die Ikone des heiligen Kliment von Ohrid, des Klostergründers und Erzbischofs aus dem 9. Jahrhundert.

Adresse Sveta-Nedelya-Platz 19, 1000 Sofia Center | ÖPNV Metro M1, M2, Haltestelle Serdika | Öffnungszeiten Mo–Fr 9–17 Uhr, Sa, So geschlossen | Tipp Die größte europäische Sammlung orthodoxer Ikonen befindet sich in der Krypta unter der Alexander-Nevski-Kathedrale. Unter den 200 Ikonen ist auch die berühmte byzantinische doppelseitige Poganovo-Ikone.

54 Das kleine Fünfeck

Der Hipster-Kiez Sredets

»Malkite Pet Kyusheta«, wie der Platz im Volksmund liebevoll genannt wird, heißt übersetzt: das kleine Fünfeck. Es liegt im Herzen der Stadt im Bezirk Sredets. Eigentlich ist es gar kein richtiger Platz, vielmehr handelt es sich um die Kreuzung von fünf engen und zugeparkten Straßen mit Kopfsteinpflaster, die sich an diesem unscheinbaren kleinen Platz treffen. Sie befindet sich in einem Wohngebiet, wo in den letzten Jahren immer mehr neue Geschäfte und Cafés eröffnet haben. So entstand eine bunte Mischung aus Traditionsgeschäften und neuen Läden, die den Trends der Zeit folgen.

Der Platzhirsch in einem mediterran wirkenden Eckhäuschen ist das vegan-vegetarische Restaurant »Sun Moon«. Es ist der Hotspot des Fünfecks. Bei gutem Wetter ist die große Terrasse ein ausgezeichneter Ort, um das bunte Treiben zu beobachten. Gegenüber befindet sich ein Bioladen. Davon gibt es einige im Kiez. Und auch sonst findet man alles, was das Hipster-Herz begehrt: vegane Cafés, ausgefallene Juweliergeschäfte, schicke Boutiquen, Secondhandshops, Craftbeer-Bars, Friseure und Barber-Shops. Egal, ob man vom Fünfeck aus in der Han-Krum-, der Neofit-Rilski- oder der 6-ti-Septemvri-Straße den Spaziergang beginnt – es gibt immer etwas zu entdecken.

Das kleine Fünfeck lässt sich leicht mit seinem großen Bruder, dem großen Fünfeck, verwechseln. Es trägt den fast identischen Namen »Pette Kyusheta«, aber dort ist es bei Weitem nicht so gemütlich.

Das kleine Fünfeck hingegen entfaltet seinen Charme auch am Abend und hält einen bis spät in die Nacht auf Trab. Die versteckteste Bar Sofias, das Hambara, öffnet um 22 Uhr. Um sie zu finden, folgt man in der 6-ti-Septemvri-Straße 22 dem Licht. Um in diese einst illegale Bar hereinzukommen, muss man heute noch anklopfen. Hier geht die Party beim Schein Hunderter Kerzen (und Zigarettenrauch) bis in die Morgenstunden weiter.

Adresse ul. 6-ti Septemvri 26, 1000 Sofia Center | ÖPNV Straßenbahn 10, 12, 18, Haltestelle Pl. Slaveykov | Tipp Das kleine Restaurant »The Little Things« in der ul. Tsar Ivan Shishman 37 teilt sich den Hinterhof mit mehreren Lokalen. Neben einer süßen Inneneinrichtung findet man hier eine kleine Karte mit sehr leckeren Gerichten.

55 Das Kloster Dragalevtsi

Malerischer Ort und absolute Ruhe

Nach einem 30-minütigen Waldspaziergang südlich vom Stadtteil Dragalevtsi erreicht man das idyllisch gelegene, malerische Kloster. Es liegt am nördlichen Rand des Vitosha-Gebirges und trägt den Namen der Gottesmutter: »Heilige Maria«. Bewohnt wird das fast 700 Jahre alte bulgarisch-orthodoxe Kloster heute von Nonnen. Gegründet wurde dieser Ort der Ruhe vermutlich 1345 von Zar Ivan Alexander. Keine 40 Jahre später brannten osmanische Truppen das Kloster nieder. Erst 1476, noch während der osmanischen Besatzung, ließ ein Sofioter Bojar, der reiche Großgrundbesitzer Radoslav Mavar, das Kloster renovieren. In der Folge wuchs das Kloster zu einem religiösen und wirtschaftlichen Komplex heran. Heute besteht es aus einer Klosterkirche sowie Wohn- und Wirtschaftsgebäuden.

Die kleine runde Kirche steht in der Mitte des Geländes. Wenn keine Nonnen persönlich vor Ort sind, legen sie am Eingang schön sortiert Wechselgeld parat: Man nimmt sich nach der Bezahlung einfach die Kerzen und das entsprechende Wechselgeld. Wertvolle Fresken aus verschiedenen Jahrhunderten zieren die Wände der Kirche. Sie zeigen Abbildungen des Wohltäters Radoslav Mavar mit seiner Familie und die Heiligen Demetrius, Georg und Mercurius. Die meisten Ikonen der Kirche sind die Werke von Nikola Obrazopisov, einem führenden Künstler der Samokover Kunstschule aus dem 19. Jahrhundert. Die ältesten Fresken der Kirche stammen aus dem Jahr 1476 und wurden von Malern der Schule von Ohrid gefertigt.

Neben der Kirche befinden sich die Ruhestätten der Nonnen. Im Garten herrscht absolute Stille. Ein Rundgang oder das Verweilen auf einer Bank erheben die Seele. Nur hier und da wird man auf still vorbeihuschende Nonnen aufmerksam, die Einkäufe entgegennehmen oder mit dem Hund Gassi gehen. Am 15. August ist der größte Festtag des Klosters – zu Ehren der Aufnahme der Jungfrau Maria in den Himmel.

Adresse m. Orechite, 1415 Sofia | **ÖPNV** Bus 66 vom Zoo oder Bus 166 ab der Metrostation Vitosha, am besten gleich dem Fahrer Bescheid geben, er hält nur auf Wunsch am Kloster (»Dragalevtsi Manastir«) | **Öffnungszeiten** April–Okt. 7–18 Uhr, Nov.–März 8–17 Uhr | **Tipp** Auf dem Weg zum Kloster liegt das Boyana-Filmstudio. Es ist zwar für Besucher geschlossen, doch wenn man der Straße folgt, erreicht man 300 Metern nach dem Eingang auf der rechten Seite einen Parkplatz. Von hier hat man einen guten Blick auf die Filmkulissen, zum Beispiel den Nachbau des Kolosseums von Rom.

56 Die letzten Klek-Shops

Auf Knöchelhöhe mit den Verkäufern

Vor dem Kiosk in der Hristo-Stanchev-Straße muss man tief in die Hocke gehen, um einen Kaffee zu trinken oder etwas zu kaufen. Denn hier findet der Verkauf der Waren auf Knöchelhöhe statt. Der Verkäufer steht im Kellerfenster und zwingt seine Käufer damit zu akrobatischen Höchstleistungen. Man muss tief in die Hocke gehen, um etwas zu erstehen. Klek-Shops werden diese skurrilen Läden in Sofia genannt, denn »Klek« bedeutet so viel wie »Hocke«. Meistens sind die Klek-Shops bunte Kioske in den Seitenstraßen oder an Bushaltestellen, die hauptsächlich alkoholische Getränke und Zigaretten verkaufen, nicht selten sogar rund um die Uhr.

Die Klek-Shops sind urbane Zeitzeugen für Bulgariens Wandel vom Sozialismus zum Kapitalismus. Sie entstanden nach der Wende 1989. Davor waren alle Geschäfte in Staatsbesitz, denn die freie Marktwirtschaft existierte im Sozialismus bekanntlich nicht. Nach der Wende schlug die Stunde der privaten Ladenbesitzer. Weil aber die wirtschaftliche Situation Bulgariens damals schlecht war und die privaten Finanzen nur in den seltensten Fällen für die Anmietung von Gewerberäumen gereicht hätten, funktionierten Wohnungsbesitzer das zum Verkaufsraum um, was ihnen bereits gehörte: ihren Keller. Sie wurden damit im Handumdrehen Ladenbesitzer und Unternehmer. Es entstand eine bunte Palette an Angeboten: von frisch gepressten Säften über Schuhreparatur, Bücherverkauf, Backwaren und Schals bis hin zu Pop-up-Galerien – der Klek-Wahn boomte.

Heute, da sich die Wirtschaft etwas erholt hat und Bulgarien zur EU gehört, geht die Anzahl der Klek-Shops langsam zurück. Die, die geblieben sind, werden zu Kultobjekten. Wie dieser frisch renovierte Kiosk von Emil in der Aksanov-Straße. Hier gehen die Menschen zwar etwas nostalgisch, aber immer noch gerne in die Hocke und bieten dem Ladenbesitzer damit oft nicht nur finanziell rosige Aussichten.

Adresse ul. Hristo Stanchev 14, 1463 Sofia | ÖPNV Metro M 3, Haltestelle Meditsinski Universitet | Öffnungszeiten Mo–Sa 7–20 Uhr | Tipp Ein Klek-Shop des 21. Jahrhunderts ist die »5L Speakeasy Bar« in der ul. Tsar Shishmann 15. im Stadtteil Sredets. Die Bar ist unterirdisch und gut versteckt. Durch eine Geheimtür geht es zwischen 16 bis 2 Uhr über zwei Ebenen zu den leckeren Cocktails. Fragen Sie am besten die herauskommenden Gäste nach dem Codewort.

57 Der Lieblingsblumenladen

Die Meisterin und ihre Margeriten

Dieser Farbtupfer in der kleinen Straße macht schon von Weitem auf sich aufmerksam. Steht man davor, erlebt man eine wahre Farbexplosion. Ganz im Sinne der Inhaberin Daniela Babikjan. Ursprünglich studierte sie Wirtschaftswissenschaften. Doch dann überkam sie das Verlangen, nur das zu tun, was sie liebt. Und das sind nun einmal die Blumen!

So fing sie mit 30 Jahren von vorn an und eröffnete ihr kleines Blumengeschäft. Seitdem hat sie eine besondere Beziehung zu Blumen, denn sie hat ihre Sprache gelernt. Und noch mehr. Sie weiß genau, was Blumen für einen besonderen Anlass bedeuten können. Und so geht sie immer individuell und nach viel Zuhören an die Arbeit. Ihre liebevolle Art sprach sich schnell rum. So gehören heute Sportverbände, Theater und Unternehmen auch zu ihren Kunden. Trotzdem beflügeln Daniela am meisten die Kunden, die tagtäglich in ihrem Laden persönlich vorbeikommen. Sie versteht es, ihnen zuzuhören und den Anlass durch ihre Blumenkreationen noch ein Stück emotionaler zu machen.

Das Geschäft ist so klein, dass die meisten Blumen immer draußen sind. Ein wahres Blumenmeer, wohin das Auge hinsieht. Ein magischer Ort. Atelier für Blumen und Magie, nennt sie es liebevoll und das hat viel mit ihren eigenen Zauberkünsten zu tun. Ganz in Anlehnung an Michail Bulgakows Hauptwerk »Meister und Margarita«, ihr Lieblingsbuch. Grenzenlose Phantasie mit einer Raffinesse für Details. Sie versteht sich als die Meisterin, Margarita sind ihre Kreationen. Ihre Persönlichkeit und ihre imaginären Vorstellungen machen dieses emblematische Blumengeschäft aus.

Die Außenwände wurden von der Künstlergruppe »Destructive Creation« gestaltet. Diese Gruppe anonymer Aktivisten ist bekannt für ihre illegalen und aufsehenerregenden Aktionen. Aufsehen mag auch die Meisterin und beauftragte sie. So bleibt es draußen selbst dann bunt und blumig, wenn das Geschäft geschlossen ist.

Adresse ul. Tsar Ivan Shishman 11, 1000 Sofia Center | ÖPNV fünf Gehminuten von der Metro M1, Haltestelle Sofia University St. Kliment Ohridski | Öffnungszeiten Mo–Fr 8–20 Uhr, Sa 11–19 Uhr | Tipp Nur eine Ecke weiter in der ul. Slavyanska 36 gibt es eine neu eröffnete Gin-Bar, sogar mit einem Brunch-Angebot und einem modern-urbanen Hinterhof.

58 Die Löwen ohne Zunge

Das zum Schweigen verurteilte Nationalsymbol

Die beliebtesten Wappentiere in den Ländern Europas sind Adler und Löwe. Die Länder mit einem Löwen im Wappen sind klar in der Überzahl: Belgien, Dänemark, Estland, Finnland, Großbritannien, Lettland, Luxemburg, Montenegro, Niederlande, Norwegen, Spanien und die Tschechische Republik. Und natürlich auch Bulgarien. Als Symbol der Macht, der Weisheit, des Mutes und des Königlichen halten zwei Löwen das rote Schild des bulgarischen Wappens, das von einem weiteren goldenen Löwen mit silbernen Zähnen und einer gut sichtbaren roten Zunge verziert wird.

Die vier Löwen, die im Norden Sofias an beiden Seiten der gleichnamigen Brücke stehen, haben dagegen gar keine Zungen. Man sagt, damit sie die Geschichte der Brücke für immer für sich behalten. Sie führt uns in die Zeiten der osmanischen Besatzung. Damals wurden Kriminelle, die keinen Wohnsitz in der Stadt hatten, vor dem Stadttor gehängt. Am damaligen Stadtrand, genau an dieser Stelle, stand eine Brücke. Sie war der grausame Schauplatz der Hinrichtungen. Und nicht nur von Kriminellen, sondern auch von Aufrührern: 1876 fand der Aprilaufstand, ein Versuch, Bulgarien von der osmanischen Herrschaft zu befreien, statt. Sein Symbol: ein Löwe. Die Revolutionäre wurden hingerichtet. Unter ihnen vier Buchhändler, die hier ihren Tod fanden. An sie und die Freiheit sollen die vier Löwen erinnern.

Die heutige Löwenbrücke wurde nach der Befreiung in den Jahren 1889 bis 1891 gebaut. Die mannsgroßen majestätischen Löwen wirken unnahbar und wild. Sie wurden von einer Wiener Firma aus Bronze gefertigt und wiegen jeweils eine Tonne. Dem Wappentier des Landes begegnet man übrigens öfter in Sofia, wenn auch nicht gleich in vierfacher Ausfertigung. Ein Löwe steht neben dem Denkmal für den unbekannten Soldaten, zwei vor dem Justizpalast, und sogar die Landeswährung, der Lew, wurde nach dem König der Raubtiere benannt.

Adresse bul. Knyaginya Maria Luiza, 1202 Sofia Center | ÖPNV Metro M 2, Haltestelle Lavov Most | Tipp Nicht weit entfernt, Richtung Süden in der ul. George Washington 47, steht die am 10. Mai 1909 eingeweihte Kirche Hl. Cyril und Methodius, eine der ersten Kirchen, die nach der Befreiung von der osmanischen Herrschaft gebaut wurden.

59 Das Made in Blue

Sexy Urban Cuisine und ein altes Haus in Blau

In der Mitte der kleinen Seitenstraße wird es grün. Bäume, Blumen und schattige Weinlauben machen den Garten zur bezaubernden Stadtidylle. Etwas weiter hinten ein altes Haus. Sein sattes petrolfarbiges Blau schimmert durch die Blätter. Wir sind im »Made in Blue« angekommen.

2016 eröffnete in diesem Haus ein Restaurant, das man so schnell nicht vergessen wird. Vorher stand das 140 Jahre alte Haus hier in verblasstem Braun, war verlassen und ähnelte einer Ruine. Mit viel Vorstellungskraft gelang es den Besitzern, diesen Ort in ein florierendes Restaurant zu verwandeln.

Ihr Konzept: Frisches und Saisonales mischt sich mit unendlicher Kreativität. Das Restaurant hat sogar einen eigenen Garten, in dem allein 40 Tomatensorten wachsen. Selbst gezogene frische Kräuter treffen in ungewöhnlichen Paarungen auf ausgewählte Zutaten. Balkan, Mittelmeer und Orient reichen sich den Kochlöffel. Die wechselnde Speisekarte steckt voller Überraschungen: Muschel-Curry mit Kokos, Salat mit Kirschen, Ziegenkäse, Fichte und Maisbrot, Pavlova mit Erdbeeren, Schokoladentarte mit gesalzenem Karamell, Limonade aus Feigenblattsirup. Alles wird mit einer Prise Verspieltheit und einer Portion Raffinesse veredelt – à la Made in Blue eben.

Im Garten wie im Haus hört man nicht auf zu staunen. Jeder Raum ist ein neues Juwel. Beim Stilmix überwiegt Retro mit gekonnter Leichtigkeit. Bis zum Dachboden ändern die Räume ihren Charakter und ihr Ambiente. Eklektisch, frech, knackig und witzig. Man fühlt sich wie in einer Ausstellung und doch zu Hause. Die Stilfestigkeit ist der Inhaberin zu verdanken, die auch ihre Wohnung ähnlich eingerichtet hat. Bei dieser geschmackvollen Handschrift wundert es nicht, dass das Made in Blue zu den interessantesten Instagram-Spots in Sofia gehört. Und das betrifft auch die bildhübschen Speisen. Reservieren ist eine wirklich gute Idee.

Adresse ul. Yuri Venelin 6, 1000 Sofia Center | ÖPNV Bus 16, 27, 35, Trolleybus 1, 2, 5, 7, 8, Haltestelle ul. General Yosif Gurko | Öffnungszeiten Mo–So 11.30–22.30 Uhr | Tipp Das »Made in Home« war das erste Lokal der Betreiber und ist immer noch eine gute Adresse (ul. Angel Kanchev 30).

60 Martenitsi im Stadtpark

Wie man Baba Marta bei Laune hält

Jedes Jahr im April sind die Bäume und Sträucher in den Parks von Sofia rot und weiß geschmückt – mit aus Wolle geflochtenen Bändchen, Puppen und anderen Figuren. Sie werden liebevoll »Martenitsa« (»Märzchen«) genannt. Besonders häufig sieht sie der aufmerksame Spaziergänger im zentral gelegenen Stadtpark (Gradska Gradina).

Wie kommen die Martenitsa dorthin? Im kalten März tragen die Bulgaren sie als Glücksbringer am Handgelenk oder befestigen sie mit einer Brosche am Mantel. Alle wollen eine Martenitsa tragen, denn sie beschert ein Jahr Glück und Gesundheit. Die Farben Rot und Weiß stehen für Leidenschaft und Reinheit. Oder für ein gesundes Aussehen – rote Wangen auf weißer Haut. Oder für Pizho (weiß) und Penda (rot), die zwei Figuren, die die traditionelle Martenitsa verkörpern. Nur eins ist wichtig: Man sollte sich niemals eine Martenitsa selbst kaufen. Sie sollen nämlich verschenkt werden. Und werden deshalb vor Frühlingsanfang sogar mit der Post in die weite Welt an Freunde und Verwandte verschickt.

Die Martenitsa soll also den März besänftigen. Der März ist in Bulgarien weiblich, alt und trägt den Namen Baba Marta, was übersetzt Oma März heißt. Jedes Kind kennt die alte Dame, die die Kälte verscheucht, Bäume erblühen lässt und die Zugvögel wieder zurückholt. Doch wehe dem, der denkt, Baba Marta sei stets warmherzig. Die launische Greisin kann von einer Minute zur nächsten den Frühling wieder in Frost und Schnee verwandeln. Deshalb besagt die Tradition, dass man die Martenitsa erst dann ablegen darf, wenn der erste Storch oder die erste Schwalbe gesichtet wurde und der Frühling vollends Einzug gehalten hat: im April. Die Menschen binden ihre Martenitsa dann an blühende Bäume und Sträucher – mit Wünschen nach Glück und Gesundheit an die launische Baba Marta. Achten Sie auf Bäume und Sträucher in den Parks: Oft hängen dort noch im September die Martenitsi.

Adresse Gradska Gradina, 1000 Sofia | ÖPNV Metro M1, M2, Haltestelle Serdika | Tipp Wer gerne die Nacht zum Tag macht, dem sei die Bar Lorka in der ul. Tsar Ivan Shishman 16 empfohlen. Die Underground-Raucherbar gehört zu den wenigen Speakeasy-Bars der Stadt.

61 Der Militärakademie-Park

Von Gewehrläufen umzäunt

Kaum zu glauben, dass es mitten im Zentrum von Sofia eine so ruhige Parkanlage gibt. Der umzäunte Park gehört zu der Militärakademie Georgi Rakovski und war lange verschlossen. Seit einigen Jahren darf ihn jetzt auch die Öffentlichkeit betreten, doch das scheint sich noch nicht ganz herumgesprochen zu haben, denn der Park ist relativ leer und die ruhigste Grünanlage der Stadt.

In der Nähe des Eingangs steht ein kleines Schränkchen mit Büchern. Es ist eine improvisierte Bücherei, die sich »Die Bibliothek zwischen den Blättern« nennt. Man kann ein Buch ausleihen und sich auf einer der einsamen Parkbänke ungestört in die Lektüre vertiefen. Oder auf einem der malerischen Gehwege zwischen jahrhundertealten Bäumen schlendern, die zu einem schönen grünen Pavillon auf einem Hügel führen. Nicht weit von hier gibt es auch ein kleines Amphitheater, in dem neuerdings sommerliche Opernabende veranstaltet werden.

In der Mitte des Parks führt eine Treppe zwischen Bäumen zum festungsähnlichen Gebäude der Akademie. Das Prestigeprojekt wurde 1912 etabliert, an den Eröffnungsfeierlichkeiten nahm auch Zar Ferdinand I. teil. Da aber wegen der Balkankriege in den Jahren 1912 und 1913 alle Studenten an die Front kommandiert wurden, nahm die Ausbildungsstätte ihre eigentliche Tätigkeit erst 1915 auf. In der ältesten militärischen Institution für höhere Bildung werden heute jährlich 1.500 Offiziere und Zivilbeamte von 148 Dozenten ausgebildet.

In so einer Anlage wundert es wenig, dass auch die Parkregeln etwas militant ausfallen: Fahrräder, Hunde, Zigaretten und Alkohol sind nicht zugelassen. Zudem sind die Öffnungszeiten streng geregelt. Es ist empfehlenswert, den Park kurz vor Schließung zu verlassen, denn der Zaun ist zu hoch, um darüberzuklettern. Begutachten sollte man den Zaun trotzdem aus der Nähe, denn man sagt, er wurde aus fast 2.000 Gewehrläufen gefertigt.

Adresse bul. Evlogi i Hristo Georgievi 82, 1142 Sofia Center | **ÖPNV** Bus 72, 75, 213, Haltestelle Voenna Akademia | **Öffnungszeiten** Mo–So 7.30–20.30 Uhr (Sommer), Mo–So 9–17.30 Uhr (Winter) | **Tipp** Frische Parkluft macht hungrig. In der Nähe lockt die hippe ökologische Erlebnisbäckerei »HleBar« mit Mittagsangeboten und gefährlich guten Backwaren. Die Bäckerei gibt es gleich zweimal, in der ul. Oboriste 16 und eine kleinere in der ul. Tsar Shishman 27.

62 Der Mineralwasser-Brunnen

Warme Quelle am Straßenrand

Mit dem »Sofiyska Voda«, dem Wasser von Sofia, rühmen sich stolz die Bewohner der Stadt. Die Trinkwasserversorgung wird aus dem Iskar-Damm am Fuße des Rila-Gebirges in die Hauptstadt geleitet. Doch Sofia hat noch ein anderes Wassergeheimnis: die Thermalquellen. 42 von ihnen wurden auf der Sofioter Hochebene entdeckt, aus denen in jeder Sekunde 550 Liter Mineralwasser mit einer Temperatur zwischen 45 und 60 Grad Celsius sprudeln. Die Quelle im Zentrum der Hauptstadt liefert bis zu 25 Liter Mineralwasser pro Sekunde. Sie war allerdings schon in der Antike bekannt. Später haben hier die Römer, dann die Osmanen Badeanstalten errichtet. Das türkische Hamam grenzte unmittelbar an die Moschee. Daher der Name Banya-Bashi-Moschee, was so viel heißt wie »Moschee der vielen Bäder«.

1913 wurde ebenda ein großes Zentralbad im Jugendstil errichtet. Im Mineralwasserdampf sah man Menschen, die sich einseiften und wuschen. Kernseifengeruch lag in der Luft. In den 1960er Jahren wurde die Warmwasserversorgung der Hauptstadtwohnungen reguliert, und in der Folge nutzten immer weniger Menschen die öffentliche Badeanstalt. Das baufällige Bad wurde schließlich 1986 geschlossen. Heute ist es renoviert und beheimatet das Museum für Stadtgeschichte.

Vor der Schließung befanden sich neben dem Bad Trinkfontänen, »Cheshma« genannt. Heute sprudelt lauwarmes Mineralwasser an der Exarch-Josif-Straße aus vielen Wasserhähnen. Alte und junge Menschen kommen hierher und füllen das weiche und süßliche Mineralwasser ab, selbst in der Nacht. Das Wasser ist nur leicht mineralisiert und eignet sich deshalb gut zum Trinken. Es ist warm, schmeckt gekühlt allerdings deutlich besser. Seine vielfältig heilende Wirkung ist unumstritten. Man sagt, das Sofioter Mineralwasser kann alles heilen, nur nicht ein gebrochenes Herz.

Adresse ul. Exarch Josif 37, 1000 Sofia Center | ÖPNV Metro M1, M2, Haltestelle Serdika | Öffnungszeiten immer geöffnet | Tipp In der ul. Iskar 1 stehen am Straßenrand antike Ruinen der Festung von Serdika. Weitere befinden sich überdacht in der Unterführung am Largo.

63 Die Mlekaria 75

Das unglaubliche Comeback des Lactobacillus bulgaricus

Der Dimitar-Petkov-Markt ist kein Touristenmagnet. Es ist ein ganz normaler Alltagsmarkt, laut, voll und authentisch. Sofioter Familien füllen hier ihre bunten Einkaufstüten mit frischen Produkten. Auffallend ist, dass es gleich mehrere »Mlekarnitsi« (Molkereien) gibt. Unter ihnen eine, die kürzlich ihre neunte Filiale eröffnete, die Mlekaria 75. Das folgt dem neuen Trend in Sofia: Die ökologischen Milchprodukte werden in einer kleinen Bio-Molkerei aus dem Dorf Mokresh in Nordbulgarien hergestellt: mit Liebe, fundiertem Know-how und einer Prise des geheimnisvollen *Lactobacillus bulgaricus*.

Dieses Milchsäurebakterium ist das Herzstück eines Joghurts, den es nur in Bulgarien gibt. Dank dem Mikrobiologen Dr. Stamen Grigorov, seinem Entdecker. Untersuchungen ergaben, dass das hohe Alter der in den Bergen der Rhodopen im Süden Bulgariens lebenden Menschen auf deren Joghurtkonsum und den *Lactobacillus bulgaricus* zurückzuführen ist. Als sich Bulgarien schließlich entschied, seinen Joghurt wegen dessen gesundheitsfördernder Wirkung auf die Magen- und Darmflora zum Exportschlager zu machen, war das einigen hochrangigen Diplomaten zunächst peinlich. Doch das Kiselo Mlyako (»saure Milch«), wie es im Bulgarischen genannt wird, schrieb auch im Ausland eine Erfolgsgeschichte, die bis nach Japan, China und Südkorea reicht.

Der jährliche Joghurtkonsum in Bulgarien liegt bei 27 Kilo pro Person. Das ist viermal so viel wie in den USA. Joghurt steht auf dem täglichen Speiseplan. Als Dip, pur oder als Tarator, eine Kaltschalensuppe aus Joghurt, Wasser, frischen Gurken, Walnüssen und Kräutern. Oder als Sneshanka, ein Salat aus Joghurt, Gurken, Knoblauch und Dill. Natürlich nur mit bulgarischem Joghurt. Dafür gibt es seit 2010 einen staatlichen Standard: Die Bakterien müssen dem Stamm des *Lactobacillus bulgaricus* entspringen und in Bulgarien isoliert werden.

Adresse bul. Todor Alexandrov 132, 1309 Sofia Center | ÖPNV Metro M2, Haltestelle Konstantin Velichkov | Öffnungszeiten Mo–So 9–19.30 Uhr | Tipp In der Innenstadt gibt es ein weiteres Geschäft auf dem bul. Knyaz A. Dondukov 47. Warum nicht auch den beliebten Hartkäse, den Kashkaval, probieren?

64 Das Museum Slaveykovi

Und die Bank der Dichter auf dem Slaveykov-Platz

In der Rakovski-Straße steht ein graubraunes Wohnhaus, in dem sich seit 1951 das Slaveykovi-Museum befindet, das die Nachlässe des Dichters Petko Slaveykov und seines Sohnes Pencho Slaveykov ausstellt. Die Wohnung gehörte einst Svetoslava Slaveykova, der Enkelin des Dichters Petko Slaveykov. Sie selbst war Kuratorin des Museums, in dem die von ihr sorgsam gesammelten und sortierten Nachlässe ihres Onkels und Großvaters zu sehen sind: 80.000 handgeschriebene Seiten, eine enorme Bibliothek, über 600 Fotografien und viele Gebrauchsgegenstände der Familie. Im kleineren Raum des Museums ist der Arbeitsraum von Petkos Sohn Pencho nachgebildet. Zu den Schätzen des Museums zählen seine Manuskripte. Unter ihnen auch das Gedicht »Karvava pesen« (»Blutiges Lied«), an dem er sein Leben lang arbeitete. Dieses Werk hat den schwedischen Professor Albert Jensen, Mitglied des Nobelkomitees, dazu bewegt, Pencho Slaveykov für den Nobelpreis vorzuschlagen.

Die Objekte stammen aus dem ehemaligen Wohnhaus der Familie am unweit gelegenen Slaveykov-Platz, das seit 1932 nicht mehr existiert. Dafür steht am oberen Ende des Platzes eine Bank, auf der es sich die Dichter Petko und Pencho Slaveykov bequem gemacht haben. Die Statue des bulgarischen Bildhauers Georgi Todorov Chapkanov verewigt das Dichterduo. Neben Vater und Sohn ist noch ein Plätzchen frei. Man kann sich zu ihnen gesellen und das Geschehen auf dem nach ihnen benannten Platz beobachten. Doch noch vor Kurzem gab es einiges mehr zu sehen, denn hier machte sich viele Jahrzehnte lang der größte Freilicht-Büchermarkt Sofias breit. Im Frühjahr 2019 waren die Buchhändler plötzlich verschwunden, und der Platz wurde komplett renoviert. Seitdem warten alle auf die Buchhändler. Nur zaghaft kehren einige Händler zurück. Doch auch die Slaveykovs können es bestätigen: Hier wird es nie wieder so, wie es mal war.

Adresse ul. Georgi S. Rakovski 138, 1000 Sofia Center | ÖPNV Trolleybus 9, Haltestelle Parva gradska bolnitsa | Öffnungszeiten Di–Sa 10–17 Uhr | Tipp Als Chilled-Eatery bezeichnet sich das »Boho« in der ul. Hristo Belchev 29b. Ein Rückzugsort mit einem Innenhof und leckeren Angeboten von Brunch bis spät in die Nacht.

65 Das Musikzentrum

Das Erbe des legendären Opernsängers

In der Tsar-Samuil-Straße steht ein weißes Familienhaus mit einem einladenden Garten. Dort wuchs der weltweit bewunderte Opernsänger, der legendäre Bass Boris Christov auf. Heute befindet sich in dem ehemaligen Wohnhaus ein Musikzentrum, das seinen Namen trägt.

Schon als Knabe sang Christov im Chor der berühmten Alexander-Nevski-Kathedrale. Ursprünglich studierte er Jura, doch ein Musikstipendium brachte ihn 1942 nach Rom, wo seine glanzvolle Karriere als Sänger ihren Anfang nahm. An seinem 28. Geburtstag verließ Christov sein Elternhaus, um die großen Bühnen der Welt zu erobern.

Das Familienhaus ließen seine Eltern, Rayna und Kiril Christov, in den 1920er Jahren bauen. Es sollte ein einladender offener Saal mit Rückzugsmöglichkeiten für die Bewohner werden. Und ein offenes Haus der Musik. Im größten Raum – heute ein Konzertsaal – steht ein imposanter Bösendorfer-Flügel. Vier kleinere Räume beherbergen das Boris-Christov-Museum. In ihm sind auch einige Kostüme des Sängers ausgestellt. Das berühmteste ist die Robe von Boris Godunov aus der gleichnamigen Oper von Modest Mussorgsky. Allein in dieser seiner Paraderolle trat Christov mehr als 600-mal auf. Zu seinem Repertoire zählten 120 Rollen, die er auf den berühmtesten Opernbühnen der Welt verkörperte. Unvergesslich bleiben sein Mephisto in Charles Gounods »Faust« und seine Rolle als König Philipp in Verdis »Don Carlos«.

Noch zu Lebzeiten, im Jahre 1977, stiftete der in Rom lebende Christov sein Elternhaus dem Staat. Es sollte ein Ort der Musik werden, an dem sich Künstler treffen. Sein wichtigstes Anliegen war: Das Haus sollte junge Musiker fördern und ihnen helfen, ihre ersten Schritte auf der Bühne zu meistern. Seit 2004 ist das Musikzentrum ein kultureller Schmelztiegel ganz im Sinne Christovs – das Erbe, das der größte Bass des 20. Jahrhunderts seiner Heimatstadt hinterließ.

Adresse ul. Tsar Samuil 43, 1000 Sofia Center | ÖPNV Straßenbahn 4, 5, 8, 10, Haltestelle pl. Makedonia | Öffnungszeiten Mo–Fr 10–17 Uhr (jeden letzten Do im Monat freier Eintritt) | Tipp Eine süße Bar in der ul. Solunska 65, die schon ab 14 Uhr öffnet, ist die »65 Svetulki« (65 Glühwürmchen). Sie heißt so, weil sie in der Dunkelheit leuchtet wie ein Glühwürmchen.

66 Das neobarocke Meisterwerk

Das Flair vergangener Zeiten

Die Ivan-Denkoglu-Straße ist eine relativ kurze Seitenstraße im Zentrum Sofias. Auf dem Abschnitt zwischen der bekannten Fußgängerzone Boulevard Vitosha und der Hristo-Belchev-Straße zieht ein prächtiges dunkelgelbes Haus die Aufmerksamkeit auf sich. Es glänzt buchstäblich zwischen den grauen und bröckelnden Fassaden der Nachbarhäuser. Mit seiner raffinierten, fein verschnörkelten Fassade erinnert das prachtvolle Gebäude an die vergangenen aristokratischen Zeiten von Sofia. Schmuckvolle Kunstelemente zieren fast jeden freien Raum zwischen den drei Etagen, wie auch den unteren Bereich der Erkerfenster. Selbst das hervorstehende Dachgesims rückt mit voluminösen, gleich großen Quadraten dekoriert gekonnt ins Rampenlicht.

Dieses schmucke Haus wurde 1914 von dem Architekten Kiril Marichkov gebaut. Ihm hat die Stadt Sofia einige ihrer schönsten Bauten zu verdanken, darunter das ebenfalls reich verschnörkelte ehemalige Imperial Hotel (ul. Saborna, Ecke ul. Lege), das erste Gebäude Sofias aus Stahlbeton. Marichkov schloss sein Architekturstudium in Karlsruhe ab und gehörte zu den ersten Architekten, die Bulgarien die avantgardistischen Ideen der Sezession und europäische Tendenzen in der Stadtplanung vermittelten.

Das Haus wurde für die fünf Söhne einer der größten bulgarischen Handelsfamilien gebaut. Ivan Hadzhilaskov gehörte zu den wohlhabendsten Kaufleuten des Landes, der sogar in Wien Büros hatte. Der in Wien studierte Mediziner Dr. Georg Lazarov war ein Nachkomme im angeheirateten Teil der Familie. Er machte das Haus als seine Privatklinik mit modernster Ausrüstung in Sofia bekannt. Auch nach der Verstaatlichung durch die kommunistische Regierung blieb das Haus eine medizinische Einrichtung, die einer Geburtsklinik untergegliedert war. Heute ist das Gebäude, das der Architekt selbst als Meisterwerk seiner Kreativität bezeichnete, Privateigentum.

Adresse ul. Ivan Denkoglu 19, 1000 Sofia Center | ÖPNV Straßenbahn 10, 12, 18, Haltestelle pl. Garibaldi | Öffnungszeiten nur von außen zu besichtigen | Tipp Ebenfalls ein sehenswertes Bauwerk Marichkovs ist die ehemalige Maria-Luisa-Wirtschaftsschule in der ul. Lavele 30 im Zentrum, die heute einen Teil des Innenministeriums beherbergt und seit 2017 ein skurriles Museum, das früher als das Museum der Revolutionären Bewegung bekannt war und auch Polizeimuseum genannt wird.

67 Das Nikola-Vaptsarov-Haus

Der Dichter und sein Glaube bis zum Tod

Am Eingang des Hauses steht eine große Gedenktafel, die unverkennbar das markante Gesicht des beliebten bulgarischen Dichters Nikola Vaptsarov ziert. Nur zwei Jahre lebte der Lyriker mit seiner Frau Boyka Dimitrova ab 1940 im vierten Stock des Eckgebäudes – die beiden letzten Jahre seines Lebens. Diese Wohnung wurde zum Schauplatz der konspirativen antifaschistischen Arbeit des politisch aktiven Dichters. Als Mitglied der seinerzeit verbotenen Kommunistischen Partei sammelte er 1940 Unterschriften für die »Sobolev-Aktion«, einen Kollaborationspakt an der Seite der Sowjetunion gegen die prodeutsche Regierung Bulgariens, und organisierte Waffen und Dokumente für den antifaschistischen Widerstand. Vaptsarov wusste, dass er mit seinem Leben spielte. In seinem Gedicht »Der Glaube« schrieb er: »Wie greift ihr ihn an? Mit Kugeln? … Es wird euch misslingen! Meinen Glauben schützt eine gepanzerte Brust, und Panzergeschosse, sie zu durchdringen und meinen Glauben auch nur zu verwunden, sind nicht erfunden, noch nicht erfunden!« 1942 wurde Vaptsarov verhaftet und vor Gericht gestellt. Selbst ein Gnadengesuch des bulgarischen Zaren konnte ihn nicht retten. Am 23. Juli wurde er zum Tode verurteilt und noch am selben Tag erschossen.

1956 entstand in der letzten Wohnung des Dichters das Vaptsarov-Museum, das später mit staatlicher Hilfe um zwei weitere Wohnungen erweitert wurde. Hier sind seine Bücher, handgeschriebene Gedichte, alte Fotografien und auch sein einziger Gedichtband, »Motorlieder«, ausgestellt. Vaptsarovs Dichtung ist mit der Mayakovskis vergleichbar: gefühlvoll, dynamisch und voller Überzeugung. Sie wurde in mehr als 30 Sprachen übersetzt und in 40 Ländern veröffentlicht. Auch die größte Auszeichnung, die ein bulgarischer Dichter je erhalten hat, ist hier zu sehen: der Internationale Friedenspreis, den Vaptsarov 1952 posthum erhielt.

Adresse ul. Angel Kunchev 37, 1000 Sofia Center (Eingang um die Ecke in der ul. Han Asparuh 38) | ÖPNV Trolleybus 9, Haltestelle Parva Gradska Bolnitsa | Öffnungszeiten Mo–Fr 10–17 Uhr | Tipp Ein wenig weiter, an der Ecke der ul. Dr. Georgi Valkovich, steht das Bistro »Pesto«. Mario, der italienische Inhaber, ist fast immer vor Ort und sorgt für gute Laune und leckere Pasta.

68 Das Observatorium

Die erste Sternwarte des Balkans

Der Borisova Gradina ist die größte Parkanlage Sofias und gilt als die grüne Lunge der bulgarischen Hauptstadt. In der Mitte des Parks, dort, wo der Yavorov-Boulevard die Grünanlage teilt, befindet sich ein umzäuntes Areal. Hier steht ein kleines Gebäude mit rotem Ziegeldach, um es herum drei kleine runde Türme. Zwei von ihnen haben eine auffällige silberfarbene Kuppel. Es ist das astronomische Observatorium der Hl.-Kliment-Ohridski-Universität, die erste Sternwarte des Balkans.

Das Observatorium wurde 1892 auf Initiative von Marin Bachevarov (1859–1926), dem ersten bulgarischen Professor für Astronomie, gebaut. Damals suchte man einen Standort außerhalb der Stadtgrenzen. Die Wahl fiel auf ein Weideland, das heute der Stadtteil Slatina ist und fast zum Zentrum Sofias gehört. Die Sternwarte wurde in nur zwei Jahren fertig. Sie diente damals auch Bachevarovs Lieblingsgebiet, der Beobachtung des lichtstarken Halley'schen Kometen.

Das erste Instrument der Beobachtungsstation war ein Okulartubus mit 500-facher Vergrößerungskraft, der von der Firma Merz in München angefertigt wurde. Dieses technische Wunder hat heute ausgedient und ist im Nationalen Polytechnik-Museum in Sofia ausgestellt. Das fünf Jahre später, im Jahr 1897, installierte Teleskop wurde dagegen 2004 erneuert und ist immer noch in Gebrauch. Gegenwärtig ist das Observatorium mit modernsten Instrumenten ausgerüstet und dient den Forschungen der Astronomischen Fakultät. Am Freitag und an den Wochenenden ist die Sternwarte tagsüber und abends für Besucher geöffnet. Am Abend, besonders bei klarem Himmel, ist eine Voranmeldung empfehlenswert. Tagsüber gibt es auch Führungen, aber beim Besuch in der Dunkelheit bietet sich die einzigartige Möglichkeit, durch das über 120 Jahre alte Teleskop in den Himmel zu schauen und die endlosen glänzenden Sterne über Sofia zu bewundern.

Adresse Borisova Gradina, 1164 Sofia | ÖPNV Trolleybus 4, 5, 8, 11, Bus 16, 27, 35, Haltestelle bul. Peyo Yavorov | Öffnungszeiten Fr–So 10–22 Uhr | Tipp Der Biergarten »Maymunarnika« (»Affenhaus«) im Park ist einen Besuch wert. Es gibt zwar keine Affen, dafür aber eine angenehme Atmosphäre.

69 Der Ort für das Sofia-Selfie

Der »Ich war da«-Beweis am achteckigen Kulturpalast

Wo Sofia draufsteht, ist auch Sofia rundherum – denken sich viele und pilgern für das Beweisfoto zum Nationalen Kulturpalast, kurz NDK genannt. Der Ort, den sie ansteuern, liegt an der rechten Außenwand des Kulturzentrums. Seit einiger Zeit steht hier ein großes grünes Schild mit der Aufschrift »Sofia«. Gleich zweimal, in großen, weißen lateinischen Buchstaben. Darüber wird der Name in bunter kyrillischer Schrift wiederholt: София.

Der Name stammt aus dem Altgriechischen und bedeutet »die Weise«. Sofia trug diesen melodischen Namen allerdings nicht immer. In ihrer bewegten Geschichte wurde sie öfter erobert und umbenannt. Sieben Jahrhunderte vor Christus tauften die thrakischen Serden den Ort nach ihrem Volksstamm »Serdika«. Ab 29 vor Christus siedelten die Römer sich an und nannten ihn »Ulpia Serdica«. Im 5. Jahrhundert brandschatzten die Hunnen, später die Goten die Stadt. Zwischen 527 und 565 wurde sie wiederaufgebaut. In dieser Zeit, unter der Herrschaft von Kaiser Justinian I., wurde die Sveta-Sofia-Kirche, die spätere Namensgeberin der bulgarischen Hauptstadt, errichtet. Ab 809 gehörte die Stadt zum ersten Bulgarischen Reich. Man betrachtete die Stadt als Mittelpunkt der Balkanhalbinsel und nannte sie »Sredez« (»die Mitte«). Unter der byzantinischen Obrigkeit zwischen 1018 und 1194 wurde die Stadt in »Triaditsa« umgetauft. Im 14. Jahrhundert schließlich erhielt sie ihren heutigen Namen. Der erste schriftliche Beweis ist eine Schenkungsurkunde des damaligen Zaren Ivan Shishman aus dem Jahr 1371.

Nach dieser bewegter Zeitreise sind wir wieder in der Millionenmetropole von heute angekommen. Am Schild mit dem schönen weiblichen Vornamen. Für ein gemeinsames Selfie steht Sofia auch nachts bereit. Dann leuchten ihre Buchstaben und sind schon von Weitem zu sehen.

Adresse NDK, bul. Bulgaria, 1463 Sofia Center | ÖPNV Metro M2, Station NDK | Öffnungszeiten immer geöffnet | Tipp Nachts lohnt sich ein kleiner Abstecher in den Club »Studio 5«. Die Eventlocation befindet sich an der Seite des Nationalen Kulturpalasts bei Eingang A3. Drinks und wechselnde Konzerte, Kabarett oder Tanzabende gibt es ab 18 Uhr.

70 Das Peyo-Yavorov-Haus

Schauplatz einer dramatischen Todesnacht

Das schmale, dreistöckige gelbe Haus an der Rakovski-Straße wirkt melancholisch. Dort lebte Bulgariens großer Dichter Peyo Yavorov mit seiner Frau Lora Karavelova. Vor dem Haus die Skulptur des Dichters und Dramatikers. Er sitzt seitlich auf einem Stein und wirkt traurig. Aber warum?

Der romantische Lyriker war beim weiblichen Geschlecht beliebt. Zwei Frauen spielten eine besonders dramatische Rolle in seinem Leben: Mina Todorova, seine erste große Liebe, und Lora Karavelova, seine Femme fatale.

Yavorov verliebte sich 1906 in die 16-jährige Mina Todorova. Schon kurze Zeit später erkrankte sie an Tuberkulose und starb in einer Pariser Klinik. Yavorovs Herz war gebrochen. Ein halbes Jahr lang besuchte er täglich ihr Grab auf dem Pariser Friedhof. In der französischen Hauptstadt begegneten sich der trauernde Yavorov und die gebildete Politikertochter Lora Karavelova. Er verliebte sich aus ebenjenem Grund in sie, der ihm schließlich zum Verhängnis wurde: ihr unkontrolliertes Temperament. Schon bald nach der Hochzeit schlug die Stimmung in der Ehe wegen Loras Eifersuchtsanfällen drastisch um. So auch am 29. November 1913. Mitten im Streit rannte Lora in Yavorovs Arbeitszimmer und schoss sich ins Herz. Der hereinstürzende Poet riss ihr die Pistole aus der leblosen Hand und schoss sich in den Kopf. Die Kugel tötete ihn nicht, ließ ihn jedoch erblinden. Er wurde von Loras Familie des Mordes angeklagt. Verzweifelt unternahm er am 29. Oktober 1914 einen zweiten Selbstmordversuch – doppelt abgesichert mit Gift und Pistole. Es wurde sein Todestag. Kurz davor schrieb er auf: »Jetzt, wo meine geliebte Lora tot ist, liebe ich sie so, wie sie es sich immer gewünscht hat.«

Heute befindet sich am Ort dieser doppelten Tragödie das Yavorov-Museum. In der Drei-Zimmer-Wohnung sind auch die Todesmaske des Dichters und das Kleid, das Lora in der Todesnacht trug, zu sehen.

Adresse ul. Georgi S. Rakovski 136, 1000 Sofia Center | ÖPNV Trolleybus 9, Haltestelle Parva Gradska Bolnitsa | Öffnungszeiten Di–Sa 10–17 Uhr. Klingeln Sie, um Zutritt zu erhalten. | Tipp Ein Buch- und Geschenkartikelgeschäft im englischen Vintage-Stil ist der »Elephant Bookstore« in der ul. Tsar Ivan Shishman 31, der auch Werke in englischer Sprache führt.

71 Pompöse Blumenteppiche

Die größte Blumenkomposition von Sofia

Sobald die Temperaturen milder werden, spielt sich das Leben in Sofia in den Parks ab. Davon gibt es viele in der bulgarischen Hauptstadt. Kleinere und größere, ruhigere und belebtere. Voll mit Menschen, die ihr Leben für viele Monate nach draußen verlagern. Die zahlreichen gepflegten Parkanlagen machen Sofia zu einer grünen Stadt.

Das war schon immer so. Auf alten Fotos, egal, ob von der vorletzten Jahrhundertwende, als Bulgarien noch ein Fürstentum war, oder von den kommunistischen Jahrzehnten bis heute, fallen die Blumenarrangements im Stadtbild auf. Je nach Epoche variieren sie. Natürlich waren während der Jahre des Sozialismus auch Betonblumenkästen und viele rote Geranien im Spiel. Doch selbst dann legte die Stadt großen Wert auf ihre auffallend bunten Blumenkompositionen. Wie Teppiche breiteten sie sich in den Parkanlagen aus. Sie gehörten einfach zum Stadtbild.

Es gibt in Sofia immer noch sehr viele phantasievoll angelegte Blumeninstallationen. Zum Beispiel in den Parks der Innenstadt, vor dem ehemaligen Königspalast und im gegenüberliegenden Stadtpark. Blumen bestimmen auch vor den größeren Kirchen und vor der Nationalbibliothek der Heiligen Kyrill und Method das Bild. Wer in Sofia viel zu Fuß unterwegs ist, merkt schnell: Überall erfreuen bunte Blumenkompositionen das Auge. Immer und immer wieder stößt man auf die floralen Arrangements. Sie erinnern an die Ornamente der bulgarischen Volkskunst, an die zahlreichen Stickmuster der bulgarischen Folklore, die »Shevitsa«.

Wer auf Nummer sicher gehen will, fängt gleich beim größten Blumenteppich an. Man findet ihn auf dem Areal vor dem Nationalen Kulturpalast. Wie ein langer Läufer drapieren die jährlich wechselnden Blumenarrangements beide Seiten der mittigen Fontäne und führen auf diese Weise majestätisch durch den Park. Halten Sie Ausschau nach ihnen – Sie werden reichlich belohnt!

Adresse NDK, 1000 Sofia Center | ÖPNV Metro M2, Haltestelle NDK | Öffnungszeiten immer zugänglich | Tipp Ein Geschenk von Berlin an Sofia: ein Stück der Berliner Mauer. Sie steht am östlichen Rand des Parks vor dem NDK, wo der bul. Vasil Levski auf die ul. Professor Fridtjof Nansen trifft.

72 Der Popa

Der Lieblingstreffpunkt der jungen Menschen

Am Patriarch-Evtimiy-Platz treffen der gleichnamige Boulevard, die Graf-Ignatiev-Straße und der Vasil-Levski-Boulevard aufeinander. Zahlreiche Straßenbahn- und Buslinien halten am kleinen Platz an der belebten Kreuzung. Wegen seiner zentralen Lage ist er zum Lieblingstreffpunkt der Sofioter Jugend geworden. Am »Popa«, wie sie ihn im Stadtjargon nennen.

In der Mitte des Platzes steht die Statue des Namensgebers. Sie ist das Werk des Bildhauers Marko Markov und zeigt den Patriarchen Evtimiy, der als wichtigste Figur des mittelalterlichen Bulgariens gilt. An verschiedenen Klosterschulen erzogen, kehrte der viel gereiste Gelehrte 1371 nach Bulgarien zurück. In der Stadt Tarnovo gründete er ein Kloster und eine literarische Schule. Er etablierte literarische Regeln, übersetzte und verbesserte klerikale Schriften. Seine Texte wurden Leitbilder der orthodoxen Kirche in den Ländern, wo Kirchenslawisch die Sprache der Religion war. 1393 wurde Evtimiy wegen seines Widerstands gegen die ottomanischen Eroberer zum Tode verurteilt. Als er geköpft werden sollte, geschah ein Wunder: Die ausgestreckten Arme des Henkers erstarrten, das Schwert fiel zu Boden, und Evtimiy wurde begnadigt.

1935 rief die Stadtverwaltung von Sofia mit Unterstützung der Künstlervereinigung Bulgariens einen anonymen Wettbewerb für ein Denkmal zu Ehren von Patriarch Evtimiy aus. Von den 21 eingereichten Projekten entschied sich die Jury schließlich für die Idee von Marko Markov, die Darstellung des »letzten leuchtenden Sterns des zweiten Bulgarischen Reichs«. Modell für sein Werk stand Vater Toma, ein Geistlicher aus Sofia, den der Bildhauer kurioserweise und ganz zufällig – wo sonst? – auf dem Patriarch-Evtimiy-Boulevard traf.

Die Skulptur wurde am 1. November 1939 aufgestellt. Heute ist sie der zentrale Verabredungspunkt nicht nur für die Besucher des benachbarten Odeon-Kinos.

Adresse pl. Patriarch Evtimiy, 1000 Sofia Center | **ÖPNV** Straßenbahn 10, 12, 18, oder Trolleybus 1, 2, 5, 7, 8, Haltestelle bul. Vasil Levski | **Tipp** Der kleine Shop »Magazinche.com« auf dem bul. Vasil Levski 48 ist ein buntes Geschenkartikelgeschäft mit schönen Ideen.

73_Pri Krasi

Shkembe Chorba, die legendäre Katersuppe

Diese Suppe ist so etwas wie eine Mutprobe. Sie sieht erst einmal ganz harmlos aus und schmeckt wirklich gut. Der beste Weg, mit ihr Freundschaft zu schließen, ist, sie zu probieren. Am besten, bevor man die Zutaten genauer studiert hat …

Im Restaurant »Pri Krasi« (Bei Krasi) bereitet man die Shkembe Chorba besonders schmackhaft zu. Es liegt an der östlichen Grenze des Bezirks Studentski Grad an einer belebten Straßenecke zwischen Hochhäusern. Ein kleines, aus Naturstein und Holz gebautes Häuschen. Es stand schon immer hier, sagen die Anwohner. Pri Krasi gab es schon immer. Das Gasthaus wird fast ausschließlich von Bulgaren besucht. Es ist ein guter Ort, um traditionelle Gerichte zu probieren und sich eine Mahlzeit lang wie ein Einwohner Sofias zu fühlen.

Nun ist es an der Zeit, unter den Kochtopfdeckel zu schauen und das Geheimnis der Shkembe Chorba zu lüften. Wie so vieles gehört die Suppe zum osmanischen Erbe. Shkembe heißt sowohl auf Türkisch als auch auf Bulgarisch so viel wie Kutteln, und Chorba ist in beiden Sprachen das Wort für Suppe. Es handelt sich also um eine Kuttelsuppe. Im Pri Krasi wird sie auf die landesübliche Art zubereitet. Die Kutteln werden mit Salz eingerieben und müssen einige Stunden ziehen. Dann wird das Salz gründlich abgewaschen, und die Kutteln werden in Zitronenwasser gekocht. In sehr feine Streifen geschnitten, kommen sie erneut in den Sud und werden mit einer Mehlschwitze angedickt. Knoblauch, Essig, etwas Butter und Rosenpaprika runden den Geschmack ab.

Die Suppe wird in Sofia in vielen Restaurants und Imbissen angeboten. Sogar zum Frühstück. Denn sie ist nicht nur ein beliebtes Gericht, sondern auch das nationale Allheilmittel gegen den Kater – sie heilt selbst den hartnäckigsten. Um sie zu probieren, braucht man den Kater nicht unbedingt. Nur ein wenig Mut. Und einen Löffel.

Adresse ul. Ekaterina Nencheva 2, 1700 Kv. Vitosha, Sofia | ÖPNV von der Metrohaltestelle G. M. Dimitrov (M 2) mit dem Bus 280, Haltestelle Sportna Zala Hristo Botev | Öffnungszeiten Mo–Sa 11.30–24 Uhr, So geschlossen | Tipp Besonders für Kinder empfehlenswert ist das einzigartige Kindermuseum Muzeiko. Es befindet sich im nahe gelegenen Stadtteil Studentski Grad, fünf Gehminuten von der Metrostation G. M. Dimitrov (M 1 und M 2) entfernt in der ul. Professor Boyan Kamenov.

74 Das Rakovski-Stadion

Sportbesessene in der Geisterarena

Es gibt verfallene, verlassene Orte, die gerade deswegen an Charme gewinnen und gerne besucht werden. Das Rakovski-Stadion ist so ein Ort. Viele Jahre lang war es verschlossen. Jahre, in denen die Natur sich frei entfalten konnte. Jahre, in denen der Verfall deutliche Spuren hinterließ. Seit einiger Zeit hat das Stadion seine Tore wieder geöffnet.

Einst war es die Heimstätte von Spartak Sofia, dem 1947 gegründeten Fußballverein, der 1968 Pokalsieger wurde. Nach der Fusion zum Verein Levski Sofia und der erneuten Trennung löste sich Spartak 2007 schließlich auf. Und die Spielstätte wurde zum Geisterstadion.

Heute ist die Arena wieder ein Ort des Sports geworden. Denn die Jugendabteilung von Levski Sofia hat sie für sich entdeckt. Von den 5.000 gelb-blauen Plastikstühlen sind nur noch wenige zu sehen. Übrig geblieben ist nur ihr Gerüst aus Beton, das von Gras und Pflanzen überwuchert ist. Trotzdem sitzen hier Großeltern und Eltern, die ihren Sprösslingen beim Fußballtraining zuschauen. Der Rasen ist gepflegt, und wenn gerade kein Training ist, können Sportfreudige hier trainieren. Seitdem das Stadion offen steht, nutzen viele Sofioter den Ort für ihren Work-out. Jeder auf seine Weise. Ein braun gebrannter älterer Mann mit beeindruckenden Muskeln hebt in Bodybuilder-Manier riesige Lkw-Reifen an. Andere joggen und teilen ihre Bahn mit fröhlich hüpfenden Kangoo-Jumpern. Man sieht hier alles: Highlander-Ausbildung, Taekwondo, Karate. Am Ende des Stadions steht ein Holzgerüst mit fünf Etagen, das einst für das Training der Feuerwehr genutzt wurde. Angeblich ist die hart erkämpfte Aussicht von oben besonders schön. Doch an Aussicht mangelt es auch ohne diesen Kraftakt nicht. Denn vom Stadion aus eröffnet sich ein beeindruckender Panoramablick auf das Vitosha-Gebirge. Und so ist das bunte Treiben im Stadion zugleich ein visuelles Highlight.

Adresse ul. Balsha 18, 1408 Ivan Vazov, Sofia | **ÖPNV** Straßenbahn 1, 6, Haltestelle Kvartal Ivan Vazov | **Öffnungszeiten** immer zugänglich | **Tipp** Frische Waren und ein buntes Durcheinander gibt es täglich in unmittelbarer Nachbarschaft auf dem belebten und beliebten Ivan-Vazov-Markt.

75 Die Regenbogen-Fabrik

Comics und Mekitsi zum Frühstück

Die »Fabrika Daga« ist ein trendiges junges Café mit angenehmem Flair. Viele kommen noch vor der Arbeit auf eine Mekitsi mit Marmelade oder Schafskäse vorbei. Dieses krapfenähnliche, frittierte Teiggericht ist ein beliebter Frühstücksklassiker in Bulgarien. Die Portionen in der Fabrika sind besonders groß, und schon dafür lohnt sich der Besuch. Doch dieser Ort ist auch in anderer Hinsicht eine Besonderheit: sein Namensgeber, das beliebteste Comic-Magazin der 1980er Jahre, das auf den Namen »Daga« (Regenbogen) getauft wurde.

Früher gab es in Bulgarien nur ein einziges von der kommunistischen Regierung zensiertes und genehmigtes Comic-Magazin. Das änderte sich in den 1970er Jahren, dem Jahrzehnt des Durchbruchs der Underground-Comic-Zeichner. Ein Renner war das Magazin »Daga«, das von 1979 bis 1990 erschien. Beliebte Helden wie »Choko und Boko« oder der kleine Junge »Darko« mit einem pilzähnlichen Hut entstanden. Allerdings immer unter den wachsamen Augen der kommunistischen Regierung. So kam es anfänglich auch mal vor, dass die Comics Geschichten der großen Oktoberrevolution erzählten. Es waren eben andere Zeiten hinter dem Eisernen Vorhang. Als einer der Autoren, Evgeni Yordanov, 1983 einen Comic als Abschlussarbeit an der Kunsthochschule einreichte, galt das noch als Skandal.

Nachdem Michail Gorbachov 1995 in Osteuropa die strenge Zensur der Regierungen lockerte, erreichten viele Comics aus aller Welt Bulgarien. Die Fans wandten sich Asterix und Co. zu. Sie hatten mit der Flut der bislang unbekannten Comics mehr als genug Lesestoff. Die Zeit des »Daga« war vorbei.

Heute sind die Hefte Raritäten. In der Fabrika Daga liegen die Sammlerstücke in Holzboxen aus. Man kann sie anschauen und lesen. Und beim Kaffee oder selbst gemachter Himbeer- oder Holunderlimonade – und natürlich einer Mekitsi – in die Welt der bulgarischen Comics eintauchen.

Adresse ul. Veslets 10, 1000 Sofia Center | ÖPNV Metro M1, M2, Haltestelle Serdika | Öffnungszeiten Mo–Fr 8–22 Uhr, Sa, So 9–22 Uhr | Tipp Die »Daga«-Comics wurden eingescannt und können unter issuu.com/razkazivkartinki eingesehen werden. Wer lieber ein Buch in der Hand hält, hat es nicht weit. Die »Hip Hip Library« in der ul. Serdika 30 verkauft ungewöhnliche und selbst verlegte Kunst- und Fotobücher, Comics und Zeitschriften.

76 Das rote Haus der Lyrikerin

Die Grande Dame der Poesie

Das rot bemalte Haus in der freundlichen Neofit-Rilski-Straße fällt wegen seiner Farbe auf. Offensichtlich zieht es auch Sprayer an, denn die Haustür und ein Teil der Mauer sind mit bunten Graffiti übermalt. Das Einzige, was verschont blieb, ist die helle Marmortafel, die an die Lyrikerin Elisaveta Bagryana erinnert. Sie lebte zwischen 1957 und 1991 hier und verfasste einen Teil ihres Werks hinter diesen Mauern.

Elisaveta Bagryana ist ein Künstlername. Die Dichterin kam 1893 als Elisaveta Lyubomirova Belcheva zur Welt – in einer Zeit, als Frauenrechte und Feminismus noch lange kein Thema waren. Nach ihrem Studium in Sofia und einer kurzen Lehrtätigkeit widmete sie sich ganz der Poesie. Sie gilt in Bulgarien als die erste Dichterin, die ihre Gefühle offen preisgab. Humanistisches Pathos und realistische Gegenständlichkeit zeichneten sie aus. Sie polarisierte und führte einen steten Kampf für die Emanzipation. Bereits mit 14 Jahren schrieb die schöne Dichterin ihr erstes Gedicht. Ihre erste Veröffentlichung datiert von 1915, kurz nachdem sie ihr Studium beendet hatte, die letzte aus dem Jahr 1983. Bis zu ihrem Tod mit 97 Jahren verbrachte Elisaveta ihr Leben umgeben von Worten, als Herausgeberin von Zeitschriften und als Dichterin. Zusammen mit Nikola Furnadshiev und Mladen Isaev schrieb sie sogar die Nationalhymne Bulgariens, die von 1950 bis 1964 in Gebrauch war. Die Hymne wie auch ihr Werk in dieser Zeit waren sozialistisch gefärbt.

Gemeinsam mit Dora Gabe gilt Bagryana als die First Lady der bulgarischen Literatur. Ihre Dichtung wurde in 30 Sprachen übersetzt. Für ihr Schaffen erhielt sie 1969 in Rom die Goldmedaille des Nationalen Dichterverbands und wurde dreimal für den Literaturnobelpreis nominiert. Bagryana war ein hell leuchtender Stern der bulgarischen Poesie. Vielleicht auch deshalb wurde 1992 ein Asteroid nach ihr benannt.

Adresse ul. Neofit Rilski 58, 1000 Sofia Center | **ÖPNV** Straßenbahn 10, 12, 18, Haltestelle pl. Slaveykov | **Öffnungszeiten** nur von außen zu besichtigen | **Tipp** Der eigenen Kreativität kann man im »Matzalo« (»die Schmiere«) in der ul. Petar Parchevich 48 täglich (außer Dienstag) von elf bis 20 Uhr freien Lauf lassen. Hier kann man Keramikrohlinge nach Lust und Laune selbst bemalen und gestalten. Man muss reservieren!

77 Der rote Stern

Zu Besuch bei der sozialistischen Kunst

Die Spuren des Kommunismus sind bereits beim Anflug auf Sofia sichtbar. Unendlich monotone Plattenbausiedlungen erstrecken sich zwischen dem Flughafen und dem Zentrum. Die einstigen Mietskasernen, wo im Sozialismus die Arbeiter aus der Provinz wohnten, sind sichtlich in die Jahre gekommen und wirken marode.

Die im stalinistischen Stil erbauten Prachtbauten im Zentrum der Hauptstadt dagegen zeigen sich heute noch von ihrer besten Seite. Eines der Häuser war einst der Hauptsitz der Kommunistischen Partei, heute weht auf der Spitze des Dachs die bulgarische Flagge. Von 1955, dem Jahr der Fertigstellung des Gebäudes, bis 1990 leuchtete hier 45 Jahre lang ein 2,80 Meter großer, fünfzackiger roter Stern. Das internationale Symbol der sozialistischen Arbeiterbewegung sollte den Menschen in Sofia den Weg in die klassenlose Gesellschaft leuchten.

Nach der Wende verschwanden die sozialistischen Denkmäler aus der bulgarischen Hauptstadt und mit ihnen der rote Stern. Tausende Sofioter sahen zu, wie mit Hilfe eines Hubschraubers auch dieses Symbol entfernt wurde, eine Weile hilflos und schief durch die Luft schwebte und schließlich in den Garten des nahe gelegenen Zentralen Mineralbads geflogen wurde. Dort gammelte der Stern elf Jahre vor sich hin, bis 2011 das Museum der sozialistischen Kunst eröffnete. In ihm werden Symbole und Artefakte ausgestellt, die während der kommunistischen Ära zwischen 1944 und 1989 entstanden sind. Die Ausstellung besteht aus drei Teilen: Im Garten stehen 77 Skulpturen, darunter eine gigantische 45 Tonnen schwere Lenin-Statue. Im Ausstellungsgebäude hängen 60 sozialistische Gemälde und andere Exponate. Im Medientrakt schließlich werden unermüdlich Propagandafilme und Wochenschauen gezeigt. Der rote Stern empfängt den Besucher gleich am Eingang. Oft wird er von älteren Menschen bewundert, die sich noch gut an seine Glanzzeit erinnern können.

Adresse ul. Lachezar Stanchev 7, 1756 g.k. Iztok, Sofia | ÖPNV Metro M2, Haltestelle Joliot Curie oder G. M. Dimitrov und circa 400 Meter Fußweg | Öffnungszeiten Di–So 10–17.30 Uhr | Tipp Wer auf den Geschmack gekommen ist, wird in Sofia auf den Spuren des Sozialismus leicht fündig. Panzer, Flugzeuge und Raketen zum Anfassen gibt es im Nationalen Museum der Militärgeschichte im Bezirk Oborishte in der ul. Cherkovna 92.

78_Das Schneckenhaus

Keine Schönheit, aber charakterstark

Eigentlich hat man in dieser Gegend nichts verloren. Man fährt höchstens auf dem Weg nach Plovdiv oder zum Rila-Kloster auf der eintönigen Schnellstraße Simeonovsko Shose durch. An der einen Ecke, in Höhe der Bozhur-Straße, ist es schlagartig vorbei mit der Eintönigkeit. Denn dort steht ein skurriles Gebäude, das alle Blicke auf sich zieht. Es ist groß und bunt und hat die Umrisse einer gigantischen Schnecke. Man könnte meinen, dass sich ein Kindergarten hier angesiedelt hat. Doch weit gefehlt. Die Schnecke ist ein ganz gewöhnliches Wohnhaus.

Obwohl es kindisch aussieht, basiert die Architektur auf viel Raffinesse. Der Architekt Simeon Simeonov, der auch Bildhauer ist, hat sich jedes Detail gut überlegt und sein vielseitiges Knowhow genutzt. Sein Interesse gilt besonderen Materialien. In diesem Fall nutzte er eine spezielle Betonsorte, die viermal leichter als Wasser ist. Außerdem ist das Material umweltfreundlich und gut formbar.

Was zuerst nichts als eine Spielerei zu sein scheint, entpuppt sich als ausgeklügeltes Konzept. Jedes Segment der Schnecke hat seine Aufgabe. So ist der Mund die Eingangstür: Das Haus verschluckt quasi seine Besucher. Der Schornstein stellt eine große gelbe Biene dar. Unter den schweren Augenlidern der gigantischen Schnecke verbirgt sich die Lüftung des Gebäudes. Das Fühlerpaar am Kopf des Weichtiers sind die Blitzableiter.

Passend zum Objekt verliefen die Bauarbeiten im Schneckentempo. Zehn Jahre dauerte es, bis das Mehrfamilienhaus fertig wurde. 2009 wurde es eine Zeit lang für das Publikum geöffnet. Besucher berichten, dass es im Haus keine einzige gerade Wand gibt. Heute kann man das fünfstöckige Gebäude nur von außen bewundern. Ob das gigantische bunte Schneckenhaus die Reise in diese abgelegene Gegend wert ist, muss jeder selbst entscheiden. Aber es gibt sicher das skurrilste Foto her, das Sie in Sofia machen können.

Adresse Simeonovsko Shose 187, 1434 Simeonovo Sofia | **ÖPNV** von der Metrostation Vitosha Bus Linie 98, Haltestelle bul. Simeonovsko Shose | **Tipp** Nur eine Bushaltestelle weiter mit dem Bus 98 (Haltestelle kv. Simeonovo) liegt linker Hand die kleine schöne Kapelle St. Archangel Michail. Sie hat kurze Öffnungszeiten, wochentags nur bis 14 und am Wochenende nur bis 15 Uhr.

79 Der Skatepark

Urbaner Sport in der Studentenstadt

Im Süden Sofias gegenüber der Universität für Nationale und Weltwirtschaft liegt der Studentski-Park. Ein Teil davon ist umzäunt und seit 2011 ein Skatepark. Die Eröffnung wurde stilvoll auf den 21. Juni, den internationalen »Go Skateboarding Day«, gelegt. Gebaut wurde er auf Initiative des bulgarischen Skateboard-Verbands mit Unterstützung der Stadt Sofia. Mit Elan und Know-how aus Österreich ist der größte Skatepark des Balkans entstanden. Obwohl Skaten in Bulgarien ein noch junger Sport ist, erfreut er sich großer Beliebtheit. Der Skatepark wird rege von Bladern und Skatern genutzt. Zwar trauen sich nicht alle auf die Sechs-Meter-Rampe, aber es gibt genug andere Möglichkeiten, an den eigenen Skills zu feilen. Ein Steward steht im Park für Fragen und die Einweisung zur Verfügung, und man kann sogar Unterricht nehmen. Besonders am Nachmittag sieht man oft Jugendliche trainieren. Ab Spätnachmittag wird es dann so richtig voll. Dann haben auch viele Studenten Zeit und zeigen einander ihr Können. Die meisten bringen ihre eigene Ausrüstung mit. Aber es ist auch möglich, spontan hierherzukommen, denn man kann Helme und Skateboards mieten.

Der Park liegt mitten im Studentski Grad, der Studentenstadt. Die Grundidee, dass es einen Stadtteil nur für Studenten gibt, brachte ab 1980 diesen aus etwa 60 Wohnblöcken bestehenden Plattenbaubezirk hervor. Heute lockt die Gegend mit niedrigen Mieten. Ein Drittel aller Studenten Sofias lebt hier. Im Studentski Grad geht es lebendig zu, und alles scheint in Bewegung zu sein. Besonders in der Nacht.

Verpulvern Sie also nicht Ihre ganze Energie für den Skater-Ausflug – Sie werden sie noch für das Nachtleben in der Studentenstadt brauchen. Stärkung gibt es rund um die Uhr zum Beispiel in der sogenannten »Mandzha Street« (»Futterstraße«), der Fast-Food-Meile um die Akademik-Boris-Stefanov- und die John-Lennon-Straße.

Adresse ul. 8-mi dekemvri 25, 1700 Studentski Grad, Sofia | ÖPNV Bus 280, Haltestelle Unss | Öffnungszeiten März–Aug. täglich 10–20 Uhr, Sept.–Nov. 11–19 Uhr | Tipp Der Studentski Grad ist berühmt-berüchtigt für seine Chalga-Clubs. Der Hype um den bulgarischen Pop-Folk ist eine Art Modeerscheinung, die jedoch den meisten Sofiotern peinlich ist.

80_Skifahren auf dem Hausberg

Wintersport mit einmaligem Panorama

Sofia ist die ideale Stadt für ein Potpourri aus Geschichte, Nachtleben, Kultur, Shopping – und Wintersport. Nach nur einer halben Stunde Autofahrt vom Stadtzentrum ist man im Vitosha-Skigebiet. Von Dezember bis April locken auf dem Hausberg der bulgarischen Hauptstadt insgesamt 22 Kilometer Ski- und Snowboardpisten mit unterschiedlichem Schwierigkeitsgrad. Der winterliche Stadtbesuch lässt sich also wunderbar mit dem Sport verbinden. Und das sogar spontan, denn es gibt auch mit Ski-Verleih kombinierte Ski-Pass-Angebote. Unschlagbar ist der Preis: Ein Tagespass auf dem Vitosha kostet um die 18 Euro.

Als Ausgangspunkt steuert man idealerweise Aleko Hut an. Der einfachste Weg zum schnellen Ski-Spaß führt mit dem Auto oder Bus über den Stadtteil Dragalevtsi. Eine attraktive Alternative ist der Kabinenlift von Simeonovo aus. Während der 30-minütigen Fahrt genießt man einen unvergesslichen Panoramablick auf die Millionenmetropole. Auf 1.800 Meter Höhe erreicht man dann Aleko Hut, wo man die Ausrüstung leihen und einen Skipass erwerben kann.

Auf der roten Piste »Vitoshko Lale 1« kann man sogar noch nach Einbruch der Dunkelheit bis 22 Uhr Ski fahren. Wenn Schnee gefallen ist, wird auch der Sessellift von »Vitoshko Lale 1« zu »Vitoshko Lale 2« aktiviert. Von hier führt eine schwarze Piste nach unten, die sogar für Profis ein besonderer Nervenkitzel ist. Wer noch höher hinausmöchte, fährt mit einem Bügellift von »Vitoshko Lale 2« auf den höchsten Gipfel, den Cherni Vrah, wo die Abfahrt von 2.290 Meter Höhe auf einer blauen Piste beginnt. Überall bereiten Schneekanonen die Pisten bei Bedarf auf den nächsten Tag vor. Die Bergwacht sorgt rund um die Uhr für Sicherheit. Am idealsten ist der März mit viel Sonnenschein. Im Januar hingegen kann es auf dem Berg bitterkalt werden.

Adresse Vitosha | ÖPNV Bus Linie 66, Haltestelle Hotel Moreni, von hier 700 Meter bis Aleko Hut | Öffnungszeiten Im Aleko Hut bekommt man alle Infos. Grundsätzlich ist »Vitoshko Lale 1« von Dezember bis April geöffnet. Skivitosha.com zeigt, welche weiteren Pisten aktuell offen sind. | Tipp Gegenüber der Bergstation Moten steht eine neue, winzige Kapelle, die Paraklis Sveto Preobrazhenie Gospodne. Sie ist aus Holz und bietet eine wunderbare Aussicht.

81 Die Slaveykov-Eichen

Die ältesten Bäume der Stadt

Das Viertel Lozenets war um die Jahrhundertwende noch ländlich geprägt. Von dem jahrhundertealten Eichenwald, der auf dem riesigen Hügel stand, ist heute nur noch eine kleine Parkanlage geblieben. Hier stehen noch immer die ältesten Eichen Sofias. Der älteste Baum am St.-Naum-Boulevard ist mehr als fünf Jahrhunderte alt. Die Eichen sind eine Naturschönheit von hohem kulturellen Wert.

Das Gelände war einst der Hof der Familie Slaveykov. Inspiriert von der schönen Aussicht auf Sofia und den Berghügeln der Vitosha, umgeben von den beeindruckenden Jahrhundertbäumen, sind hier die bekanntesten Dichtungen von Petko Slaveykov und seinem jüngsten Sohn Pencho Slaveykov entstanden. Ein Gedenkstein im Park erinnert daran, dass er der Lieblingsort der Dichter war. Um Pencho Slaveykov versammelte sich im Garten regelmäßig der bekannte Literaturkreis »Misl« (»Gedanke«), eine Gruppe von Intellektuellen, die in der gleichnamigen Literaturzeitschrift veröffentlichten.

Pencho Slaveykov erlitt mit 18 Jahren eine Lungenentzündung und kämpfte sein Leben lang mit den Folgen. Regelmäßig ließ er sich deshalb im Ausland, in Leipzig, Berlin und Paris, kurieren. Angesichts seines Schicksals sprach er oft davon, gerne unter einem »seiner« Eichenbäume begraben zu werden. Mit nur 46 Jahren holte ihn 1912 der Tod in der italienischen Gemeinde Brunate am Comer See, wo er auch beigesetzt wurde. Erst neun Jahre später wurden seine sterblichen Überreste in den Sofioter Zentralfriedhof umgebettet. Der Wunsch des Dichters, unter seinen geliebten Eichen begraben zu werden, blieb also leider unerfüllt.

Heute sind vom einst üppigen Wald nur rund 20 Bäume übrig geblieben. Dennoch prägen die majestätischen Eichen den Park sehr stark. Eichhörnchen springen zwischen den Ästen hin und her. Die hohen Bäume wirken mit ihren verwinkelten Ästen märchenhaft und geheimnisvoll.

Adresse bul. Sveti Naum 41, 1164 Lozenets, Sofia | ÖPNV Metro M 2, Haltestelle Evropeyski Sayuz (»Europäische Union«) | Tipp In Sofia gibt es 71 jahrhundertealte Bäume, zum Beispiel einen 650 Jahre alten am Anfang der ul. Iskar und einen 600 Jahre alten in der ul. Zlaten rog.

82 Sofias schönstes Bauwerk

Das Aushängeschild der Belle Époque

Da steht es in voller Pracht, an der Ecke des Hristo-Botev-Boulevards mit der Vladayska-Straße: das schönste Bauwerk der bulgarischen Hauptstadt, das Ministerium für Agrarkultur und Forstwirtschaft. Das Eckgebäude hat eine gebogene Fassade, zwei spitze Türme, eine Kuppel mit einer Uhr in der Mitte. Die Hauptfassade über dem Eingang ist mit dekorativen Säulen, Balkonen, Blumen, Girlanden und anderen Ornamenten geschmückt. Barock und Jugendstil geben sich die Hand. Der Prachtbau liegt ein wenig außerhalb des Zentrums. Da er ein Ministerium beherbergt, steht und fällt der Besuch mit dem Wohlwollen des Sicherheitspersonals. Mit ein wenig Glück kann man in der Empfangshalle einen Eindruck vom Innenleben gewinnen. Von der ovalen Empfangshalle, den Säulen, dem imposanten Treppenaufgang mit schmiedeeisernen Brüstungen und den Kronenleuchtern. Der Blick auf den Mosaikboden enthüllt florale Details.

Das Gebäude ist eines der besten Beispiele für die Entwicklung Sofias um die Jahrhundertwende. Ausländische Architekten und ihre im Ausland ausgebildeten bulgarischen Kollegen hatten damals die Aufgabe, die dörfliche Hauptstadt in eine prachtvolle europäische Metropole zu verwandeln. Die Idee zu dem Gebäude entstand 1912: In ihm sollte sich die Euphorie der Belle Époque von Sofia manifestieren. Der Architekt Nikola Lazarov ist kein Unbekannter in Sofia. Mehrere imposante Bauten tragen seine Handschrift, zum Beispiel der Zentrale Militärklub oder das Baron-Gendovich-Haus. Wegen des Balkankriegs und des Ersten Weltkriegs verzögerte sich die Fertigstellung bis 1927. Zwischen 2005 und 2009 hatte die Stadtverwaltung ein Auge auf das Gebäude geworfen, den Umzug aber aus Kostengründen verworfen. Der mehrfache Ministerpräsident Bulgariens, Boyko Borissov, damals Bürgermeister von Sofia, hätte es angemessen gefunden, sein Büro »im schönsten Gebäude Sofias« zu haben.

Adresse bul. Hristo Botev 55, 1606 Sofia Center | ÖPNV Straßenbahn 4, 5, 8, 10, Haltestelle ploshtad Makedonia | Öffnungszeiten Mo–Fr 9–12.30 und 13–17.30 Uhr | Tipp Auf dem bul. Hristo Botev rechts vom Ministerium gibt es jeden Mittwoch zwischen 10.30 und 18.30 Uhr einen gut sortierten Bauernmarkt.

83 Die Sprayer-Metropole

Die Farbenflut von Sofia

Das McDonald's-Schild auf dem Hausdach über der Metrostation Serdika ist schon von Weitem gut zu sehen. Etwas weiter links ist ein Parkplatz. Es ist der graffitireichste Parkplatz von Sofia. Und auch der mit dem ersten großen Graffito der Stadt. 1995 entstand hier die hausgroße Abbildung eines Chupa-Chups-Dauerlutschers – ein Entwurf von Salvador Dalí aus dem Jahr 1969 – als Street-Art. Es war der Startschuss für ein Massenphänomen.

Inzwischen gilt Sofia als die osteuropäische Graffiti-Hochburg. Die bekanntesten Sprayer Bulgariens sind Bozko und Nasimo. Bozkos melancholische Figuren mit langen Nasen und knochigen Fingern sind leicht zu erkennen. Nasimos Kunst wurde von der Stadt Sofia unterstützt, die im Rahmen des lokalen »Urban Creatures«-Festivals riesige Häuserwände der grauen »Hadzhi Dimitar«-Wohnsiedlung zur Verfügung stellte. Die verspielten Arbeiten der Künstlerin »Tochka« (»Punkt«) greifen auch Frauenthemen auf. Mittlerweile wurden die Hausmauern als Werbeflächen entdeckt. Restaurants folgen dem Trend und erteilen Auftragsarbeiten an Graffiti-Künstler. Die Anzahl der Wandmalereien in Sofia wächst und wächst – so bekommt die graue und renovierungsbedürftige Stadt ein neues buntes Gewand.

Heute ziehen die Wandgemälde immer mehr Besucher an. Die Graffiti-Kunst wird inzwischen sogar vom Goethe-Institut unterstützt, das eine Wand in der Budapeshta-Straße zur Verfügung gestellt hat, die jeden Monat aufs Neue bemalt wird. Diese Wand ist zugleich eine Station der von Künstlern und Fans kostenlos angebotenen Graffiti-Tour. Einmal im Jahr, am 15. September, findet das größte Graffiti-Battle Sofias statt. Und zwar auf dem Parkplatz mit dem Chupa-Chups-Graffito. Schauplatz ist diesmal die Wand linker Hand. Da sprühen alle, die meinen, das gut zu können. Die Teilnahme am Battle gilt als Eintrittskarte in die hiesige Graffiti-Szene.

Adresse bul. Knyaginya Maria Luiza 9, 1000 Sofia Center | ÖPNV Metro M1, M2, Haltestelle Serdika | Tipp Die Zeiten der kostenlosen Graffiti-Tour findet man unter www.sofiagraffititour.com. Treffpunkt ist die Statue der heiligen Sofia im Zentrum.

84 Die Statue des Satirikers

Aleko Konstantinov und Bay Ganyo

Nahe der Stelle, wo der Boulevard Vitosha zu einer belebten Fußgängerstraße wird, steht die Statue von Aleko Konstantinov. Der Schriftsteller lehnt lässig an einer Straßenlaterne, seine rechte Hand hat er in der Hosentasche vergraben, neben ihm ein großer Koffer. Er steht da, als würde er auf ein Taxi warten. Oder auf jenen Charakter, den er erfunden hat und den in Bulgarien jeder kennt: Bay Ganyo.

Bay Ganyo ist eine der populärsten Figuren der bulgarischen Literatur. Ein Rosenölhändler, der sich mit List und Witz durchs Leben schlägt, dabei auffallend tollpatschig, oft ungehobelt ist und sich häufig überschätzt. Viele Länder haben ihren »Bay Ganyo«: In Deutschland heißt er Baron Münchhausen, in Tschechien ist es der brave Soldat Schwejk. Doch keine Figur spielt so stark auf den Prototypen seiner Gesellschaft an wie der bulgarische Bay Ganyo. Erfunden wurde er vom Schriftsteller, Juristen und Weltenbummler Aleko Konstantinov. Seine Geschichten sind eine heitere und gleichzeitig unverhohlene Darstellung der Zustände in Bulgarien im späten 19. Jahrhundert. Welten und Weltanschauungen prallen in seinen satirischen Geschichten aufeinander, der grobschlächtige Schelm vom Lande trifft auf die feine europäische Gesellschaft. Schauplätze der Geschichten sind Budapester Opernabende, Dresdener Trauerfeiern, Prager Ausstellungen oder Wiener Bäder. Bay Ganyos Geschichten sind auch in deutscher Sprache erschienen und wurden mehrfach verfilmt.

Konstantinov selbst behauptet, dass der glücklichste Tag seines Lebens jener war, an dem er Bay Ganyo erfunden hat. Inspiriert hat ihn der Rosenhändler Ganyo Somov, den er 1893 auf der Weltausstellung in Chicago traf.

Seit mehr als einem Jahrhundert lacht Bulgarien über den Lieblings-Rosenölhändler. Aber wie es so ist mit der Selbstironie – man sollte darauf achten, etwas leiser als die Bulgaren über Bay Ganyo zu lachen.

Adresse Boulevard Vitosha, 1000 Sofia Center | ÖPNV Metro M 2, Haltestelle NDK | Tipp Das »Mental Syndicate« in der nahe gelegenen ul. Tri Ushi 1 ist ein Concept Store junger Menschen, die Raw Denim mögen und selbst ausgefallene Waren – Rucksäcke, Taschen oder Kittel – herstellen. Ein Muss für Fans von Industrial Design.

85 Der Stein von Ivan Vazov

Der Vater der bulgarischen Literatur und sein Stein

Im Park hinter der Kirche Sveta Sofia liegt ein großer, runder grauer Stein. Er stammt aus den einzigartigen Steinflüssen, den Zlatnite Mostove im Vitosha-Gebirge. Vor dem Stein ein schlichtes buntes Blumenbeet, daneben eine Laterne – dies ist seit 1921 die Grabstätte von Ivan Vazov, dem Vater der bulgarischen Literatur. Er wollte auf eigenen Wunsch dort begraben werden. Der Stein symbolisiert Vazovs Liebe zur Natur und zum Vitosha-Gebirge. Als der Hausberg Sofias für Wanderer noch nicht entschlossen war, verfasste er ausführliche Reiseberichte über ihn.

Ivan Vazovs Lebensweg hätte eigentlich ein ganz anderer sein sollen. Der bedeutendste Schriftsteller Bulgariens sollte Wirtschaft studieren und das Familiengeschäft von seinem Vater übernehmen. Doch anstelle von Zahlen füllte er die Handelsbücher mit Versen, und statt einer kaufmännischen Ausbildung widmete er sich dem Erlernen von Fremdsprachen und der Literatur.

Vazov war Übersetzer, Dichter, Schriftsteller, Historiker, Politiker, Aktivist und zwischen 1897 und 1899 sogar Bildungsminister. Bereits in seiner Jugend hatte er über seinen Lehrer Zugang zu französischen und russischen Werken, die seine literarische Entwicklung prägten.

Vazovs Schaffen bildet die Grundlage der bulgarischen Literatur. Er befasste sich mit allen literarischen Gattungen – mit der Poesie, dem Drama, der Erzählung, dem Roman. Über seine außerordentliche Kreativität schrieb er in seiner Autobiografie: »Der schöpferische Dämon flüsterte mir dauerhaft: ›Arbeite!‹ Und ich habe gearbeitet und schüttete den Inhalt meiner Seele wie in einem Lied aus. Ich gab mein Bestes, alles, was ich meinem Vaterland geben konnte. Es war wenig, aber so viel hatte ich.« Sein beeindruckender Wortschatz von rund 40.000 Wörtern machte die bulgarische Sprache literaturfähig, und seine Werke wurden in mehr als 50 Sprachen übersetzt.

Adresse ul. 11-ti Avgust 1a, 1000 Sofia Center | ÖPNV Trolleybus 9, Haltestelle pl. Alexander Nevski | Öffnungszeiten frei zugänglich | Tipp Nur acht Gehminuten entfernt, in der Straße, die seinen Namen trägt, befindet sich seit 1926 unter der Nummer 10 das Ivan-Vazov-Museum. Hier ist sogar der präparierte Hund des Schriftstellers zu sehen, gleich neben seinem Schreibtisch. Geöffnet Mo–Sa 10–17 Uhr.

86 Die stille Oase

Der älteste botanische Garten Bulgariens

Es gibt vieles, das vom Eingang des botanischen Gartens im Zentrum von Sofia ablenkt: die Nationalgalerie oder die berühmte Alexander-Nevski-Kathedrale. Umrahmt von den Universitätsgebäuden der pharmazeutischen und journalistischen Fakultät, liegt eine kleine verborgene Oase: der älteste botanische Garten des Landes.

Die Grünanlage wurde 1892 vom ersten bulgarischen Professor der Botanik, Dr. Stefan Georgiev, gegründet. Die große Stieleiche in der Mitte wurde bei der Einweihung vor fast 130 Jahren gepflanzt. An der Zeremonie nahm auch der spätere bulgarische Zar, Fürst Ferdinand I., teil, der für sein Interesse an der Botanik bekannt war. Beim Anpflanzen des Baumes legte er eine Goldmünze zu den jungen Wurzeln. Heute ist der majestätische Baum ein Gigant, der an heißen Tagen viel Schatten spendet und mit Gold nicht aufzuwiegen ist.

Obwohl der Garten klein ist, wachsen hier mehr als 1.500 Pflanzenarten. Unter ihnen auch zahlreiche exotische und tropische Pflanzen, Kakteen und stattliche Farne. Die Pflanzenwelt ist abwechslungsreich. Im Rosarium werden über 40 Rosenarten gezüchtet. Ein Steingarten veranschaulicht das Biotop der felsigen Gebirge. Im Mittelmeer-Raum fühlt man sich wie im Urlaub in Griechenland. Im Gebiet, das »Großmutters Gärtchen« genannt wird, werden Nutzpflanzen angebaut. Seit einigen Jahren gibt es auch einen kleinen Apothekergarten. Hier können sich Besucher und vor allem die Studenten über die medizinische Nutzung von Heilpflanzen weiterbilden. Mehrere Bänke laden zum Verweilen ein. Der Garten ist eine stille Oase mitten im Trubel der Großstadt.

Besonders im Herbst ist der Ginkgo ein Blickfang. Dann zeigt sich der in seiner Heimat China als heilig verehrte Baum ganz in Gelb. Der Ausblick vom botanischen Garten hingegen ist goldgefärbt. Denn zwischen den Pflanzen leuchten die goldenen Kuppeln der Alexander-Nevski-Kathedrale hindurch.

Adresse ul. Moskovska 49, 1000 Sofia Center | ÖPNV Trolleybus 7, 11, Haltestelle pl. Vasil Levski | Öffnungszeiten Mi – Fr 9 – 17 Uhr, Sa, So 9 – 18 Uhr, Di, Mi geschlossen | Tipp Der große botanische Garten von Sofia liegt etwas außerhalb im Süden, nahe der Ringstraße am Okolovrasten pat 22. Erreichbar mit dem Bus 111, Haltestelle Botanicheska Gradina. Geöffnet ist er täglich, März – Okt. 10 – 16 Uhr, Nov. – Feb. 10 – 15 Uhr. Auf einem Areal von 5.000 Quadratmetern sind 2.100 Pflanzenarten zu sehen, darunter 110 Rosenarten, die Nationalblume Bulgariens.

87 Die Straße der Galerien

Kunst in der Tsar-Samuil-Straße

Die Tsar-Samuil-Straße ist eine lange Straße, die vom Zhenski Pazar (Frauenmarkt) im Norden bis zur breiten Patriarch-Evtimiy-Straße im Süden führt. Zwischen der Solunska- und der Denkoglu-Straße befindet sich ein circa 200 Meter langer Abschnitt mit zahlreichen Galerien. Einige von ihnen sind eine Institution. Ein Blick in diesen Teil der Tsar Samuil, die sich zu einer Galeriestraße entwickelt hat, lohnt allemal.

Die »Art Gallery Paris« befindet sich in der Nummer 47. Sie wurde 2003 gegründet und konzentriert sich auf die junge Generation unter den bulgarischen Künstlern, die in den Bereichen naive und expressive Malerei wirken. Die Galeristen haben aber auch eine Schwäche für magischen Realismus und Hyperrealismus. Interessant ist, dass sie sich auch mit Ikonenmalerei beschäftigen. Sie arbeiten mit ausgewählten Ikonenmalern zusammen. Obwohl ihr Ikonenkatalog online einzusehen ist, sollte man bei ernsthaften Absichten lieber persönlich vorbeischauen.

In die Räume der Hausnummer 37 ist die »Galerie Maestro« eingezogen. Auch sie ist ein Ort für zeitgenössische bulgarische Kunst. Die Galerie wechselt gerne zwischen Einzel- und Gruppenausstellungen und legt sich bei der Kunstform nicht fest.

Unter der Hausnummer 34 wird man gleich zweimal fündig. Zum einen stellt hier die 1995 gegründete »Astry Gallery« für moderne und angewandte Kunst aus. Jedes Jahr organisiert sie die Ausstellung »Format 30/30« – inzwischen ein Aushängeschild der Galerie. Sie entwickelte sich zu einem beliebten generationen- und stilübergreifenden Format. Der zweite Ausstellungsort, das »Kuklite« (»Puppen«), ist ein Kunsthaus mit einem einzigartigen Museum. Über 3.000 Puppen aus der ganzen Welt, unter ihnen viele Sammlerstücke, sind hier zu sehen. Seit 2013 gibt es eine Dauerausstellung mit mehr als 300 traditionellen bulgarischen Puppen – manche von ihnen stehen zum Verkauf.

Adresse ul. Moskovska 49, 1000 Sofia Center | ÖPNV Trolleybus 7, 11, Haltestelle pl. Vasil Levski | Öffnungszeiten Mi–Fr 9–17 Uhr, Sa, So 9–18 Uhr, Di, Mi geschlossen | Tipp Der große botanische Garten von Sofia liegt etwas außerhalb im Süden, nahe der Ringstraße am Okolovrasten pat 22. Erreichbar mit dem Bus 111, Haltestelle Botanicheska Gradina. Geöffnet ist er täglich, März–Okt. 10–16 Uhr, Nov.–Feb. 10–15 Uhr. Auf einem Areal von 5.000 Quadratmetern sind 2.100 Pflanzenarten zu sehen, darunter 110 Rosenarten, die Nationalblume Bulgariens.

87 Die Straße der Galerien

Kunst in der Tsar-Samuil-Straße

Die Tsar-Samuil-Straße ist eine lange Straße, die vom Zhenski Pazar (Frauenmarkt) im Norden bis zur breiten Patriarch-Evtimiy-Straße im Süden führt. Zwischen der Solunska- und der Denkoglu-Straße befindet sich ein circa 200 Meter langer Abschnitt mit zahlreichen Galerien. Einige von ihnen sind eine Institution. Ein Blick in diesen Teil der Tsar Samuil, die sich zu einer Galeriestraße entwickelt hat, lohnt allemal.

Die »Art Gallery Paris« befindet sich in der Nummer 47. Sie wurde 2003 gegründet und konzentriert sich auf die junge Generation unter den bulgarischen Künstlern, die in den Bereichen naive und expressive Malerei wirken. Die Galeristen haben aber auch eine Schwäche für magischen Realismus und Hyperrealismus. Interessant ist, dass sie sich auch mit Ikonenmalerei beschäftigen. Sie arbeiten mit ausgewählten Ikonenmalern zusammen. Obwohl ihr Ikonenkatalog online einzusehen ist, sollte man bei ernsthaften Absichten lieber persönlich vorbeischauen.

In die Räume der Hausnummer 37 ist die »Galerie Maestro« eingezogen. Auch sie ist ein Ort für zeitgenössische bulgarische Kunst. Die Galerie wechselt gerne zwischen Einzel- und Gruppenausstellungen und legt sich bei der Kunstform nicht fest.

Unter der Hausnummer 34 wird man gleich zweimal fündig. Zum einen stellt hier die 1995 gegründete »Astry Gallery« für moderne und angewandte Kunst aus. Jedes Jahr organisiert sie die Ausstellung »Format 30/30« – inzwischen ein Aushängeschild der Galerie. Sie entwickelte sich zu einem beliebten generationen- und stilübergreifenden Format. Der zweite Ausstellungsort, das »Kuklite« (»Puppen«), ist ein Kunsthaus mit einem einzigartigen Museum. Über 3.000 Puppen aus der ganzen Welt, unter ihnen viele Sammlerstücke, sind hier zu sehen. Seit 2013 gibt es eine Dauerausstellung mit mehr als 300 traditionellen bulgarischen Puppen – manche von ihnen stehen zum Verkauf.

Adresse ul. Tsar Samuil, 1000 Sofia Center | ÖPNV Straßenbahn 4, 5, 8, 10, Haltestelle pl. Makedonia | Tipp Das »Gifted« ist ein süßes und gut sortiertes Geschäft mit alternativen Geschenkideen lokaler Marken und Kunstbedarf in der ul. Ivan Denkoglu 24.

88 Die Straßenbahnlinie 5

Einmal quer durch die Stadt und zurück

Das ständige Quietschen und Bimmeln der Straßenbahnen ist aus Sofia nicht wegzudenken. Mit im Schnitt gemütlichen 12,7 Kilometern pro Stunde fahren die meist schmalspurigen Bahnen durch das 280 Kilometer lange Liniennetz. Auffällig sind die unterschiedlichen Modelle und die uneinheitliche Farbgebung der Waggons. Der Grund: Die meisten wurden aus dem Ausland übernommen und nicht umlackiert. Und so hat jeder Hauptstädter seine Lieblingsbahn. Populär sind die aus Basel übernommene schmale grüne Bahn, die aus Halle stammende rot-weiße und die in die Jahre gekommene, rostige in Blau und Gelb aus Leipzig.

Der kleine Platz hinter dem Justizpalast ist die Endhaltestelle mehrerer Linien. Von hier fährt auch die blau-gelbe Linie 5 in 30 Minuten einmal quer durch die Hauptstadt. Sie verlässt das Zentrum in Richtung Südwesten und durchquert mehrere Wohnkomplexe. Im Stadtviertel Krasno Selo sieht man auf der rechten Seite das erste große Straßenbahndepot aus dem Jahr 1934. Dort wurden ab 1951 die Triebwagen produziert. Die Fahrt endet an den Ausläufern des Vitosha-Gebirges in Knyazhevo, wo bereits 1901 die erste elektrische Straßenbahn verkehrte. An der Endhaltestelle erinnert eine hausmauergroße Wandmalerei daran.

Während der Fahrt bekommt man einen guten Eindruck von den Bewohnern und ihrem Alltag. Zu den Hauptverkehrszeiten ist die Bahn sehr voll und äußerst kommunikativ. Das Fahrgeld wird zum Fahrer nach vorne gereicht und die Karten zum Entwerten nach hinten. Tausende Sofioter fahren täglich mit dieser Linie – Pendler, Schüler, Rentner, Menschen jeden Alters und aus allen sozialen Schichten. Seit der Inbetriebnahme der U-Bahn werden in Sofia kontinuierlich Straßenbahnstrecken stillgelegt. Doch solange es sie noch gibt, kann man sich an den unterschiedlichen Modellen erfreuen. Denn das Liniennetz der bulgarischen Hauptstadt ist im Prinzip ein Straßenbahnmuseum auf Rädern.

Adresse ul. Knyaz Boris I. 89, 1000 Sofia Center | ÖPNV Straßenbahn 5 von der Haltestelle Sadebna Palata bis kv. Knyazhevo | Tipp Von der Endhaltestelle Knyazhevo bietet sich ein kleiner Waldspaziergang im Park Knyazhevo auf den Ausläufern der Vitosha an. Um den Park herum liegt eine beliebte Wohngegend mit Familienhäusern und Villen.

89__Das Studio EW

Minimal Techno im Elektro-Club

Dieser Ort ist ein so gut gehütetes Geheimnis, dass man ihn erst einmal finden muss. Man sollte sich nach Verlassen der Metrostation Vitosha Richtung Industriegebiet an der Srebarna-Straße begeben und sofort rechts in die Boris-Nikolov-Mukata-Straße einbiegen. Orientieren Sie sich am Fitnesscenter Pulev, das relativ gut ausgeschildert ist. Rechts vom Eingang des Pulev befindet sich ein Veranstaltungsort mit bemalter Tür. Direkt daneben eine metallene Garagenfront mit einer kleinen Tür an der Seite. Sie führt direkt in den Elektro-Himmel, ins Studio EW.

Die Abkürzung steht für »Elegantly Wasted«. Dahinter verbirgt sich eine Gruppe, die eine neue Plattform für elektronische Musik geschaffen hat und zum Motor von Sofias Nachtleben wurde. Seit zehn Jahren sind ihre Raves bei Kennern außerordentlich beliebt. Auffallend ist die fein balancierte Akustik. Schon Stunden vor dem Start sind sie beim Soundcheck, fummeln unermüdlich an ihren Reglern herum, testen hoch konzentriert den Sound in jeder Ecke des Clubs.

2007 mussten sie ihre alte Basis verlassen und schließen. Sofias Elektro-Szene hielt den Atem an. EW wurden vermisst. Vor Kurzem fanden sie diese neue Location. Versteckt. Ohne Adresse. Genau das Richtige für ihre Zwecke. Hier stört der superlaute Supersound niemanden.

Die Elektro-Bewegung in Sofia begann groß. Es gab viele ehemalige Industriestandorte, wo man riesige Raves abhalten konnte. Und Clubs. Das führte Ende der 1990er zur Etablierung der Elektro-Beats in Sofia. Doch dann kamen Investoren, und viele Clubs mussten schließen. Die Szene musste sich in den Untergrund zurückziehen. Heute ist Sofias Techno-Szene klein, aber fein. Die Partys finden oft an nur einmal genutzten Standorten statt. Man muss schon Detektivarbeit leisten, wenn man den Raves folgen will. Bei Studio EW klappt's über das Internet. Die Partys gehen lange, oft über Tage.

Adresse ul. Srebarna 12, 1407 Promishlena zona Hladilnika, Sofia | **ÖPNV** Metro M 1, M 2, Haltestelle Vitosha | **Öffnungszeiten** Raves werden auf studioew.com oder facebook.com/EWSTD/events angekündigt | **Tipp** Eine gute Auswahl an Elektro-Platten gibt es bei »Boogie Exchange« in der ul. Damyan Gruev 23, Di–Sa 12–18 Uhr.

90 Das Sun Moon und Boza

Das Wunderelixier – man liebt es, oder man hasst es

Wenn man an der Bäckerei Sun Moon vorbeispaziert, sind die Tische voll mit Gläsern und in ihnen ein merkwürdiges Getränk. Die Gäste schlürfen genüsslich eine blasse, braungraue, zähe Flüssigkeit, die kaum unappetitlicher aussehen könnte. Es handelt sich um Boza, das Lieblingsgetränk der Bulgaren.

Die milchige, süßliche und leicht prickelnde Flüssigkeit ist eigentlich eine Biersorte. Sie wurde schon in Babylon und im alten Ägypten getrunken. Im Osmanischen Reich gab es zahlreiche Brauereien und Trinkhallen für Boza. Es war so beliebt, dass es kriegführenden Janitscharen sogar hinterhertransportiert wurde. Mit ihnen kam Boza in den Balkan und traf besonders in Sofia auf ekstatische Fans. Einst wurde die beliebte Kalorienbombe von Straßenhändlern vertrieben, später floss sie vor allem aus den Zapfanlagen der Konditoreien.

Der Alkoholgehalt des auf Hirse- und inzwischen auch auf Weizenbasis gebrauten Getränks liegt lediglich bei bis zu einem Prozent. Trotzdem muss es seine Wirkung haben, denn das englische Wort für saufen, *booze*, soll von Boza kommen. Boza ist bekannt für seine gesundheitsfördernde Wirkung. Die Mikroorganismen, die beim Gärprozess entstehen, sind heilender Balsam für den Darm. Und noch eine Wunderwirkung wird Boza nachgesagt: Es soll Frauenbrüste wachsen lassen. Als Bulgarien 2007 Mitglied der EU wurde, stieg nicht nur der Boza-Export, sondern auch die Anzahl der nach Bulgarien pilgernden Männer, die literweise Boza für ihre Frauen kauften.

Ob das Oberweiten-Elixier schmeckt? Nun ja, entweder man liebt es, oder man hasst es, doch einen Versuch ist es wert. Heute wird es oft in Flaschen im Supermarkt verkauft, aber auch in einigen Bäckereien wie dem Sun Moon. Hier findet man unter den zahlreichen selbst gemachten süßen wie herzhaften Backwaren bestimmt auch den perfekten Begleiter für ein bulgarisches Frühstück.

Adresse ul. 6-ti septemvri 39, 1000 Sofia Center | ÖPNV Straßenbahn 12, 18, Haltestelle pl. Slaveykov | Öffnungszeiten Mo–Sa 8–23 Uhr, So 9–22 Uhr | Tipp Einen kurzen Spaziergang entfernt, in der ul. Solunska 33, gibt es ein veganes »Sun Moon«-Delikatessen-Geschäft, wo man leckere Mitbringsel erstehen kann.

91 Die Sveta-Paraskeva-Kirche

Ein verborgenes Juwel

Obwohl die Kirche der heiligen Paraskeva die drittgrößte in Sofia ist, wird sie selten von Touristen besucht, denn sie liegt versteckt zwischen Wohnhäusern. Bis auf die belebte Rakovski-Straße an ihrer Rückseite ist sie ausschließlich von kleinen Seitenstraßen umgeben. Sie hat im Alltag der Nachbarschaft einen festen Platz. Es kann vorkommen, dass vor dem Eingang der Kirche ein Leichenwagen mit einem Sarg steht, während die Kinder auf dem kleinen Spielplatz neben dem Eingang zum Kirchhof spielen.

Das Gotteshaus sieht wie eine malerische Torte aus. Bereits 1910 gab es eine Ausschreibung für den Bau einer neuen Kirche anstelle der baufälligen alten. Der in Stuttgart studierte Architekt Anton Tornyov gewann die Ausschreibung. Nach dem Balkankrieg und dem Ersten Weltkrieg musste der Wettbewerb wiederholt werden – erneut mit den Plänen Tornyovs als Gewinner. 1940 nahm die Kirche ihren Betrieb auf. Die Gestaltung des Kirchenschiffs als runde, säulenlose Halle mit einem Durchmesser von mehr als 20 Metern ist architektonisch ungewöhnlich. Die Kirche hat eine hervorragende Akustik, von der man sich sonntags um neun Uhr beim Gottesdienst überzeugen kann.

Die Namensgeberin Paraskevi von Iași war eine in Thrakien geborene asketische Heilige, die im 10. Jahrhundert lebte. Als Kind hörte sie das Wort Gottes durch ein Bibelzitat. Das bewegte sie dazu, ein tiefreligiöses Leben zu führen. Sie zog sich in die jordanische Wüste zurück und führte ein Einsiedlerdasein. Ein ihr im Traum erschienener Engel rief sie in die Heimat zurück. Hier setzte sie ihr Leben in Buße fort, bis sie mit nur 27 Jahren – angeblich an Einsamkeit – starb. Ihre Reliquien wurden in verschiedene Länder der Balkanhalbinsel überführt. 1888 fand sie in Rumänien in der Catedrala Cuvioasa Parascheva von Iași ihre letzte Ruhestätte.

Adresse ul. Georgi S. Rakovski 58, 1000 Sofia Center | ÖPNV Trolleybus 9, Haltestelle ul. Iskar | Öffnungszeiten Mo–So 8–18 Uhr | Tipp Das »Buffet« in der ul. Ekzarh Yosif 44 ist eine farbenfrohe kulinarische Institution, die immer gut besucht ist. Erkennungsmerkmal: von der Decke hängt ein Fahrrad.

92 Die Sveti-Sedmochislentsi-Kirche

Einst eine Moschee der Superlative

Wegen der jahrhundertelangen osmanischen Herrschaft wurden einige Kirchen in Sofia zwischenzeitlich zu Moscheen. Bei der orthodoxen Sveti-Sedmochislentsi-Kirche im gleichnamigen Park verhält es sich genau umgekehrt.

Sultan Suleiman I., auch als »der Prächtige« bekannt, hatte die Idee zum Bau einer Moschee, deren Pracht alle Kirchen Sofias in den Schatten stellen sollte. Sie entstand 1528 und wurde – nach der Farbe der Minarette aus dunklem Granit – »die schwarze Moschee« genannt. Nach der Befreiung Bulgariens 1878 wurde das Gotteshaus zunächst als Gefängnis genutzt. Der vierfache Premierminister Petko Karavelov verbüßte hier vor seiner letzten Amtszeit eine mehrjährige Haftstrafe. Trotzdem wurde er neben Tsar Ferdinand der wichtigste Geldgeber für den Umbau der Moschee zur Kirche.

Die Idee zum Umbau hatte der russische Architekt Alexander Pomerantsev, der für die Gestaltung des Roten Platzes in Moskau bekannt ist. Seine bulgarischen Kollegen Yordan Milanov und Petko Momchilov entwarfen die Kuppel, die Vorhalle und den Glockenturm im bulgarischen Stil. Heute sind nur noch die Haupthalle und ein Teil der Kuppel von der einstigen Moschee erhalten. Der Umbau begann im Mai 1901 und dauerte nur ein Jahr. Dabei stellte sich heraus, dass die Moschee auf einem Nonnenkloster erbaut worden war. Dieses Kloster wiederum wurde auf einem römischen Altar aus dem 4. Jahrhundert, als die Stadt noch Serdica hieß, errichtet.

Die Innengestaltung der Sveti-Sedmochislentsi-Kirche hat lange gedauert. Erst 1996 beendeten junge Künstler die Wandbemalungen und Fresken. Die Namensgeber der heutigen Kirche sind die heiligen Brüder Kyrill und Method sowie ihre fünf Schüler. Sie waren sieben an der Zahl, also heißt die Kirche »Sveti Sedmochislentsi« (»Die sieben Heiligen«). Sie sind auf dem Mosaik über dem Eingang abgebildet.

Adresse ul. Graf Ignatiev 25, 1000 Sofia Center | ÖPNV Straßenbahn 10, 12, 18, Haltestelle pl. Slaveykov | Öffnungszeiten Mo–So 8–19 Uhr | Tipp Die Kirche hat einen ausgezeichneten Chor. Freitag gegen 17 Uhr und sonntagvormittags finden Gottesdienste statt.

93__Der Swimmingpool

Kunst rund ums leere Schwimmbecken

Es gibt bedauerlicherweise nur wenige Wohnhäuser im Zentrum von Sofia, die im Zweiten Weltkrieg nicht zerstört wurden. Das Haus in der Tsar-Osvoboditel-Straße 10 ist den Bomben entronnen. Das in den späten 1930er Jahren gebaute Haus hat fünf Stockwerke. Ein sehr kleiner Aufzug führt direkt zu einer Wohnung, die seit 2014 ein einzigartiger Ausstellungsort ist.

Die Dachwohnung gehörte einst den Großeltern der Architektin und Kuratorin Viktoria Draganova. Nach Kriegsende wurde auch ihre Familie enteignet und die Wohnung zum kommunistischen Staatseigentum. Nach der Wende 1989 konnten frühere Besitzer durch einen Rückerstattungsprozess ihr Eigentum einfordern. So ging die Wohnung erneut in den Familienbesitz über. Draganova, die als Kuratorin in Frankfurt am Main, Glasgow und New York arbeitete, vermisste in ihrer Heimatstadt freien und kreativen Kunstraum – und schuf kurzerhand diesen außerordentlichen Ort für internationale und bulgarische Kunst. So wurde der Swimmingpool zum Symbol eines neuen kulturellen Aufschwungs in Sofia.

Namensgeber ist ein kleines, blau gekacheltes Schwimmbecken, der Blickfang der zur Wohnung gehörenden mehrstöckigen Dachterrasse. Obwohl das Schwimmbecken leer ist, wirkt es mondän – nicht zuletzt wegen der Kulisse. Denn auf der Terrasse eröffnet sich ein atemberaubendes Panorama. Auf der einen Seite erstreckt sich die Bergkette des Vitosha, auf der anderen tummeln sich die Wahrzeichen der Stadt: die Universität, die Nationale Kunstakademie, die Alexander-Nevski-Kathedrale, die Sophienkirche, die kleine russische Kirche Sveti Nikolai, der Königspalast.

Exzellente Kunst trifft auf hochkarätiges Panorama. Letzteres sollte man auf einer der vielen Sitzmöglichkeiten auf der Terrasse ausgiebig genießen. Und wenn kurz nach 17 Uhr die tiefen Glockenschläge der Kathedrale ertönen, ist es an der Zeit, sich ganz den Eindrücken hinzugeben.

Adresse ul. Tsar Osvoboditel 10, fl. 5, 1000 Sofia Center | ÖPNV Metro M 1, M 2, Haltestelle Serdika, von hier aus zu Fuß über den pl. Nezavisimost | Öffnungszeiten Ausstellungszeiten auf der Webseite swimmingpoolprojects.org/news | Tipp Einen kurzen Spaziergang entfernt, in der ul. Slavyanska 2, befindet sich die zeitgenössische »Galeriya Credo Bonum«, die sich seit 2003 meist ökologischen Themen widmet.

94 Der Thermalpool am See

Cocktails im Mineralwasserbecken

Aus einer der zahlreichen Mineralquellen rund um Sofia speist das Freibad Korali (»Korallen«) seine Schwimmbecken. Das Thermalbad liegt direkt am Pancharevo-See, etwa 15 Kilometer südöstlich von Sofia. Es ist mit öffentlichen Verkehrsmitteln gut erreichbar. Wie so oft in Osteuropa bräuchte auch diese Lokalität eine gründliche Politur. Doch auch ohne Renovierung bietet sie hochkarätige Attraktionen: nicht nur Heilwasser, sondern auch den malerischen Ausblick auf den See und die umliegenden Berghügel.

Das Thermalwasser verlässt die Quelle mit einer Temperatur von 49 Grad Celsius. Für das Schwimmvergnügen wird es abgekühlt und bietet auch bei schlechtem, nasskaltem Wetter die Möglichkeit, ins Thermalwasserbecken einzutauchen. Der kleine Pool für Kinder wird im Winter geschlossen, der große Pool hingegen ist das ganze Jahr über geöffnet. Die Pool-Bar ist so gebaut, dass man, ohne das warme Wasser verlassen zu müssen, bestellen und genießen kann. Cocktails oder Fleischbällchen werden dann während des Badevergnügens im Thermalwasser verzehrt. Sonnenliegen und eine Picknickwiese laden zum Verweilen ein. Ein perfekt kombiniertes Natur- und Wellnesserlebnis, das sich hervorragend mit einem Spaziergang um den See verbinden lässt.

Der Pancharevo-See ist ein künstlicher See am Iskar-Staudamm. Er liegt 600 Meter über dem Meeresspiegel und ist der Sofia am nächsten gelegene größere See. Mit drei Kilometer Länge und 700 Meter Breite eignet er sich bestens für einen ausgedehnten Spaziergang. Um den Stausee gibt es Wanderwege und mehrere einfache, urige oder feinere Restaurants mit Ausblick, die auch frisch gefangenen Fisch aus dem See anbieten. Das »Ezeroto« (»Der See«) befindet sich ganz in der Nähe des Mineralbads. Für ein größeres Angebot an Fischgerichten kehrt man ins »Lodkite« (»Die Boote«) ein, eine edler anmutende Atmosphäre bietet das »Lebed« (»Der Schwan«).

Adresse Samokovsko Shose 203, 1137 Pancharevo, Sofia | ÖPNV Metro M2 in Richtung Flughafen bis Inter Expo Center/Tsarigradsko Shose und von hier mit Bus 1K bis Haltestelle Banyata na Pancharevo | Öffnungszeiten Mo–So 9–19 Uhr | Tipp Das Bistro »Lodkite« hat einen Bootsverleih für Ruder- und Tretboote.

95 Der Treffpunkt der Dichter

Poesie unter Lindenblüten

Das »Pod Lipite« (Unter den Linden) ist ein Gasthaus mit einer langen und bewegten Geschichte. Hier treffen bulgarische Motive auf bulgarische Speisen – inmitten einer Kulisse aus Linden. Der Garten hinter dem Haus und die allabendliche bulgarische Musik erzeugen eine besondere Atmosphäre. Der äußerst angenehme Ort mit gutem Service und einer hervorragenden Küche lässt heute die vergangenen Zeiten erahnen, als hier noch Liebespoesie gedichtet wurde.

Als der pensionierte General Stefan Tassev das Haus 1926 baute, war die Gegend ländlich, und die heutige Elin-Pelin-Straße hieß damals »Straße der Journalisten«. Der damalige Bürgermeister von Sofia verschenkte nämlich in der Gegend Land an Kunstschaffende und Schriftsteller. Und so entstand mit der Zeit eine beachtliche Künstlerkolonie. Nachdem das Haus General Tassevs fertig war, lebte er mit seiner Familie im ersten Stock und vermietete die kleine Mansardenwohnung unter dem Dach. Im Erdgeschoss eröffnete er eine Kneipe, die er etwas plump »Select Pub« taufte.

1930 mietete sich die Dichterin Dora Gabe in der Mansardenwohnung ein. Sie war Gründungsmitglied des bulgarischen Zentrums des internationalen Autorenverbands P.E.N., der das Ziel hat, die kreative Kommunikation zwischen Schriftstellern aus aller Welt zu fördern. Im Protokoll des ersten Treffens stehen die Namen von Elisaveta Bagriana, Dora Gabe, Engel Karaliychev, Prof. Alexander Balabanov und Elin Pelin. Diese Namensliste hätte zugleich auch die der Stammkundschaft des Lokals sein können. Denn die kreativen und hitzigen Diskussionen wurden bei Dora Gabe oder im Garten beim Rotwein weitergeführt, wo sich viele nennenswerte Künstler der Zeit regelmäßig trafen und arbeiteten. Vom Geruch der Lindenblüten berauscht, wurde Elin Pelin sogar zum Namensgeber des Lokals, das nun seit fast 100 Jahren »Pod Lipite« heißt.

Adresse ul. Elin Pelin 1, 1164 Lozenets, Sofia | ÖPNV Straßenbahn 10, 12, 18, Haltestelle pl. Zhurnalist | Öffnungszeiten Mo–So 12–24 Uhr | Tipp An der gegenüberliegenden Ecke (Nummer 2) lebte der Schauspieler Krastyo Sarafov, Namensgeber der Theater- und Filmhochschule Sofias. Heute erinnert eine Gedenktafel an den legendären Darsteller.

96 Die Ulitsa Georgi Rakovski

Die lange Straße der Sehenswürdigkeiten

Die Georgi Rakovski ist eine lange Straße (»ulitsa«), die quer durch Sofia führt. Sie beginnt am Boulevard Slivnitsa im Norden, führt an den bekannten Sehenswürdigkeiten der Stadt vorbei und endet im Süden nahe dem Nationalen Kulturpalast (NDK). Es lohnt sich, die Straße abzulaufen. Man lernt unterschiedliche Wohngegenden kennen, taucht in das bürgerliche Milieu der Hauptstadt ein und bekommt einen Eindruck vom Alltag der Sofioter.

Als bequeme Alternative kann man den elektrisch betriebenen Trolleybus, der seinen Strom aus einer Oberleitung bezieht, nutzen. Dafür eignet sich die Route der Linie 9 am besten. Von Endstation zu Endstation braucht sie 33 Minuten. Sie startet im Industriegebiet im Norden am Platz »Stochna Gara« und biegt schon bald in die Rakovski-Straße ein. An kleinen Gemüsehändlern und Imbissbuden vorbei, liegt die erste Sehenswürdigkeit auf der rechten Seite, die schöne Sveta-Paraskeva-Kirche. Dann geht es leicht bergauf, nach der Dondukov-Straße wird es sogar richtig steil. Man passiert linker Hand das Nationale Opern- und Ballett-Theater. Kurz danach erreicht die Rakovski-Straße den Mittelpunkt des touristischen Geschehens, den Alexander-Nevski-Platz. Nachdem man den »Crystal Garden« passiert hat, wird die Rakovski-Straße zum Broadway Sofias. Den Grund dafür erkennt man besonders am Abend: Zahlreiche Theater, wie das der Bulgarischen Armee, das experimentelle Theater 199 oder das Satirische Theater, sind hier angesiedelt. Am Patriarch-Evtimiy-Boulevard endet die Rakovski-Straße dann.

Die Linie 9 fährt jedoch weiter. Wer Lust auf mehr Eindrücke verspürt, bleibt einfach sitzen. Die Fahrt führt am NDK vorbei und dann weiter gen Süden, vorbei an Plattenbauten und durch ruhigere Wohngegenden, entlang an Krankenhäusern, Polykliniken und der Medizinischen Militärakademie bis zur Endhaltestelle am Borovo-Platz.

Adresse ul. Georgi Rakovski, 1000 Sofia Center | ÖPNV Trolleybus 9 | Tipp Wo die ul. Rakovski die ul. Graf Ignatiev kreuzt, gibt es einen schönen Ort für eine Pause, das »Mekitsa i Kaffee«. Neben den köstlichen Mekitsi (frittiertes Fladengebäck) bietet es von den Fensterplätzen im oberen Stockwerk eine außergewöhnliche Sicht auf den Straßenbahnverkehr der Stadt.

97 Die verlassenen Tribünen

Beste Aussichten und ein legendärer Ort

Wer verlassene Orte mag, dem werden die »Tribuni« (Tribünen) gefallen. Sie stehen direkt am Ufer des Pancharevo-Sees nahe dem Ort German am Fuß des Bergs Lozen, etwa zwölf Kilometer südöstlich von Sofia. Mit dem Auto ist man in 50 Minuten dort, mit öffentlichen Verkehrsmitteln dauert es eine Stunde länger. Von der Bushaltestelle Kokalyansko Hanche hat man einen 25-minütigen Fußweg vor sich, um den südlichen Zipfel des Sees herum, am Wasserkraftwerk vorbei. Von dort führt die Patriarch-German-Straße ans östliche Ufer des Sees und zu den Tribünen.

Als »Tribünen« wird eine ehemalige Ruderbasis mit einem hohen Turm bezeichnet. Sie war einer der beiden Austragungsorte der Kanu-Weltmeisterschaften von 1977. Der andere, die Ruderbasis »Sredets«, wurde 1968 als die erste moderne Einrichtung für Ruderdisziplinen gebaut und befindet sich am westlichen Ufer im Ort Pancharevo. Sredets wurde größtenteils renoviert und ist noch in Betrieb. Die »Tribünen« am gegenüberliegenden Ufer dagegen wurden nach der Wende ihrem Schicksal überlassen. Und genau das macht ihren heutigen Charme aus. Der große Betonbau hat zwei Teile: ein flaches Gebäude und den hohen Turm. Sie dienten als Aussichtstribüne, Hangar und Bauwerkstätten. Zusätzlich gab es ein Motel und ein Restaurant.

Der Zugang zu den Gebäuden ist teilweise gesperrt. Wenn man den Komplex erkundet, findet man auch die einstige Informationstafel am Ufer. Da nur noch ihr gigantischer Betonrahmen übrig ist, sieht sie aus wie ein ausgeschlachteter Fernseher, übersät mit Graffiti. Am Pier kann man es sich gemütlich machen – sogar mit einem Getränk in der Hand. Denn das Motel und das Restaurant haben wieder einen Betreiber gefunden. Das Angebot an Getränken und Speisen ist einfach gehalten. Absolut erstklassig dagegen ist der Ausblick auf den See, die Ortschaften Pancharevo und Kokalyane sowie das Vitosha-Gebirge.

Adresse ul. Patriarh German, 1186 German | ÖPNV Metro M2 bis zum »Inter Expo Center – Tsarigradsko Shose«, von dort Bus 1K bis Kokalyansko Hanche, dann circa 2 Kilometer laufen | Öffnungszeiten Motel und Restaurant Mo–So 10–24 Uhr | Tipp Nach einer etwa 23-minütigen Fahrt um den See auf der Route 82 erreicht man hinter German nahe Karierata das entzückende kleine Kloster St. Ivan Rilski.

98 Die versteckte Kapelle

Heiligtum zwischen Spielhalle und Wohnhäusern

Die kleine Kapelle Nikolay Mirlikiyski Chudotvorets (»Wundertäter«) wurde gnadenlos zwischen Bauten der Moderne eingeklemmt: Sie steht inmitten mehrstöckiger Wohnhäuser, dem 1962 eröffneten Hotel Rila und den Metallsäulen einer Dachkonstruktion. Die grelle Werbeschrift eines Spielkasinos bildet einen seltsamen Kontrast.

Weithin bekannt ist, dass sich in Sofia gleich zwei der ältesten Kirchen der Welt befinden. Die eine ist die um das Jahr 313 erbaute Sophienkirche in der Nähe der Alexander-Nevski-Kathedrale, die andere die kleine Rotunde des heiligen Georg, die sich nur ein paar Meter entfernt am Ende der Straße befindet. In die prominente Liste fügt sich auch diese kleine Kirche ein. Sie wurde zu Beginn des 4. Jahrhunderts zusammen mit einem Palastkomplex erbaut, der für den Aufenthalt von Kaiser Konstantin dem Großen im antiken Serdica bestimmt war. Überreste des Palasts sind im Mauerwerk im Untergeschoss der Kapelle zu sehen. Auf ihrem Grundstein errichtete Sevastocrator Kaloyan, bekannt auch im Zusammenhang mit der Renovierung der Boyana-Kirche, im 13. Jahrhundert seine Residenz und baute eine neue Kirche. Selbst während der osmanischen Herrschaft blieb sie erhalten und fand im 16. Jahrhundert sogar in den Reisebüchern des deutschen Theologen Stephan Gerlach Erwähnung.

Die dreischiffige Basilika aus dem Mittelalter wurde bei der Bombardierung von Sofia am 30. März 1944 vollständig zerstört. Allein die Ikone des heiligen Nikolaus von Myra blieb auf wundersame Weise unversehrt. Auf Drängen des Patriarchen Cyril entstand in den 1950er Jahren auf dem Fundament der Ruine die heutige Kapelle. Trotz ihrer bescheidenen Größe ist sie faszinierend: wegen ihrer Atmosphäre, dem wunderbaren Interieur aus geschnitztem Holz und der großartigen Ikonen. Besonders am 6. Dezember, am Tag des heiligen Nikolaus, kann sie dem Andrang der Gläubigen kaum standhalten.

Adresse ul. Tsar Kaloyan 8, 1000 Sofia Center | **ÖPNV** Metro M 1, M 2, Haltestelle Serdika | **Öffnungszeiten** Mo–So 7.30–18 Uhr | **Tipp** Auf der Liste der ältesten Kirchen Sofias darf auch die Sveta Petka nicht fehlen. Sie sieht wie ein kleines Häuschen aus und steht in der Unterführung neben der Metrostation Serdika. Ihre Fresken werden auf das Ende des 15., Anfang des 16. Jahrhunderts datiert.

99 Die versteckten Gedichte

Poetische Schnitzeljagd durch die Stadt

Das Vasil-Levski-Nationalstadion ist kein typischer Ort, den man der Poesie wegen besuchen würde. Das größte Stadion des Landes wurde 1953 eröffnet und zuletzt 2002 renoviert. Zurück blieb ein modernes Stadion mit einem historischen Haupteingang. An der rechten Seite des Altbaus ziert – wie es sich für eine Sport- und Spielstätte gehört – ein großflächiges Zitat von Schiller das Mauerwerk: »Der Mensch ist nur da ganz Mensch, wo er spielt.« Die Schrift ist in Bulgarisch und Deutsch zu lesen. Doch wie kommt Schillers Zitat über den Homo ludens, den spielenden Menschen, an diesen Ort?

Die Grundidee dahinter war der europäische Gedanke. Einheit und Vielfalt zugleich sollten dargestellt werden. Die Initiative ging von der niederländischen Botschaft in Sofia aus. Damals, 2004, hatten die Niederlande die Ratspräsidentschaft der Europäischen Union inne. Zusammen mit der Sofioter Stadtverwaltung riefen sie das Projekt »Wall to Wall Poetry« ins Leben. Seinerzeit zählte die EU 25 Mitgliedsstaaten – Bulgarien und Rumänien waren zwar bis 2007 lediglich Kandidaten, machten bei dem Projekt aber trotzdem mit. Und die Türkei kam auch noch mit ins Lyrik-Boot. Am Ende sicherten 28 Botschaften die Beteiligung ihrer Länder am Projekt in Sofia zu und wählten selbst 28 Orte für 28 Gedichte aus.

Italien entschied sich für das ehemalige Fernsprechamt. Die Niederlande verewigten sich an der Seite des Naturkundemuseums. Portugal am Sofioter Rathaus. Die Verse der schottischen Poetin Liz Lochhead sind in der U-Bahn-Station Serdika zu sehen, Luxemburgs Verse an der Kunstgalerie, Bulgarien und Ungarn wählten Schulmauern. Auf der Webseite freesofiatour.com/blog/the-hidden-poetry-of-sofia/ ist die Gesamtliste mit Adressen einsehbar. Wer möchte, kann sich einer Tour anschließen, die Verse selbst aufspüren oder es dem Zufall überlassen – Hauptsache, es macht Spaß!

Adresse bul. Evlogi i Hristo Georgievi 38, 1164 Borisova Gradina, Sofia | ÖPNV Metro M 1, M 2, Haltestelle Stadion Vasil Levski | Tipp Im Stadion befindet sich seit 1962 das bulgarische Sportmuseum mit alten Sportgeräten und Fotos, Pokalen und Trikots. Es hat nur an den Wochentagen von 10 – 12 und 14 – 17 Uhr geöffnet.

100 Das verwunschene Häuschen

Die Straßenbahnhaltestelle an der Ulitsa Vishneva

Die Route der Straßenbahnlinie 10 ist abwechslungsreich. Sie führt durch die Innenstadt von Sofia über den Bezirk Lozenets bis zu der Vitosha-Metrostation im südlichen Bezirk Hladilnika. In einem Waldstück im östlichen Teil des Borisova Gradina (Borisgarten) verändert sich die Atmosphäre schlagartig. Urlaubsstimmung kommt auf. In einer der Kurven hält die Straßenbahn an einem kleinen weißen Häuschen mit dunkelbraunen Holzelementen. Es ist die Haltestelle »Ulitsa Vishneva« (»Sauerkirsche«), die schönste Straßenbahnhaltestelle der bulgarischen Hauptstadt.

Als das Haus gebaut wurde, war die Gegend ein riesiger Obstgarten mit Süß- und Sauerkirschbäumen, nach denen die Haltestelle benannt wurde. Sie wurde hier in den 1930er Jahren zeitgleich mit der Straßenbahnlinie errichtet. Ihr märchenhafter Anblick hat die Anwohner schon immer fasziniert. So wundert es kaum, dass sie bis heute von Mythen umwoben ist. Es heißt, im Häuschen wohnten keine Geringeren als Schneewittchen und die sieben Zwerge. Andere sind überzeugt, dass es eine Hexe war. Eine andere Legende, über die man schon hinter vorgehaltener Hand am Hofe von Zar Boris III. sprach, hält sich bis heute. Demnach hatte die schöne Frau des Zaren, die er 1930 geheiratet hat, Prinzessin Giovanna von Savoyen, in Bulgarien nur »Tsaritsa Yoanna« genannt, tiefe emotionale Verbindungen zu diesem märchenhaften Häuschen. Der romantische Ort war nämlich Schauplatz von geheimen Treffen zwischen der Königin und einem jungen Kavalleristen.

Das inzwischen in den Stand eines Kulturdenkmals erhobene Häuschen wurde in den letzten Jahren für Lagerzwecke genutzt. Im Sommer 2017 dann der Schock: Der Dachstuhl und ein Teil des Häuschens brannten aus. Doch seit April 2019 erstrahlt das legendenumwobene Hexenhäuschen, das bis heute die Phantasie der Menschen anregt, in neuem Glanz.

Adresse Borisova Gradina, 1164 Sofia | ÖPNV Straßenbahn 10, Haltestelle ul. Vishneva | Tipp Die nächste Haltestelle der Straßenbahnlinie 10 ist die Seminaryata. Hinter dem Zaun versteckt sich eine ruhige Parkanlage und die »Geistliche Akademie Ivan Rilski zu Sofia«, die größte Bildungseinrichtung der bulgarisch-orthodoxen Kirche.

101 Die Villa Rosiche

Eine Konditorei mit Omas Rezepten

Die »Villa Rosiche« befindet sich in der unscheinbaren Neofit-Rilski-Straße in der Nähe des geschäftigen Vitosha-Boulevards. Eine enge Gasse führt in den Hinterhof. Dort versteckt sich im zweistöckigen gelben Gartenhaus eine der besten Konditoreien Sofias – ein Kleinod für Leckermäuler. Beim Betreten der Räume wird augenblicklich klar, warum. Es duftet nach Backstube, nach Zimt und Vanille. In der Kuchenvitrine lockt die frisch gefertigte Auswahl des Tages: eine bestechende Schokoladenmousse-Torte, ein kecker Limetten-Cheesecake, eine verführerische Karamelltorte, eine duftende Himbeer-Charlotte, eine wolkige Pavlova und unwiderstehliche Schokoladentrüffel mit rosa Pfeffer. Sich zu entscheiden ist fast unmöglich. Am besten trifft man die Wahl nach dem Prinzip »Liebe auf den ersten Blick«.

Bereits seit einem Jahrzehnt gibt es diese »Boutique Patisserie«, wie die Franzosen sagen würden. Man sieht, wie aus der Backstube ein neues Blech nach vorne in den Verkauf gereicht wird. Alles ist hausgemacht, auch die Limonaden – eine besser als die andere, und die Holunder-Limonade nach Omas Rezept schmeckt nach Sommer und Kindheit. Empfehlenswert auch der »Vishnovka«, ein beliebter Likör aus Sauerkirschen.

Die Villa Rosiche ist ein Ort zum Verweilen. Die Inneneinrichtung ist ein Spagat zwischen traditionell bulgarischem und viktorianischem Stil. Auf der zweiten Etage gibt es ansprechende Gasträume und einen kleinen Balkon für nur zwei Personen. Grün und ruhig ist der Garten. An heißen Sommertagen bietet er eine hervorragende Frühstücksmöglichkeit, nicht nur für Liebhaber von Süßem. Es gibt herzhaft belegte oder mit Gemüse gefüllte Croissants. Zeit sollte man jedoch mitbringen, denn ganz nach dem Motto »Gut Ding will Weile haben« dauert es manchmal ein wenig. Spätestens wenn die Küchlein auf blau geblümten Tellern gereicht werden, vergisst man, je gewartet zu haben.

Adresse ul. Neofit Rilski 26, Sofia | ÖPNV Metro M 2, Haltestelle NDK | Öffnungszeiten Mo–So 8–22 Uhr | Tipp Eine entzückende süße Alternative mit nur wenigen Sitzplätzen ist die Konditorei »100 Grama Sladki« (»100 Gramm Süßigkeiten«) in der ul. Angel Kanchev 18A. Dort bekommt man wunderbare selbst gemachte Pralinen und Törtchen – nicht nur 100 Gramm, sondern in rauen Mengen.

102 Das Vkusnoto Kebapche

Ein Original vom Grill

Kebapche gibt es in Sofia wie Sand am Meer. Er zählt zu den Lieblingsgerichten der Bulgaren. Der Kebapche ist eine meist mit Pfeffer, Salz und Kümmel gewürzte Hackfleischrolle vom Schwein und Kalb. Sein Geheimnis? Vor dem Grillen lässt man das Hackfleisch mehrere Stunden ruhen, damit die Gewürze perfekt zur Geltung kommen.

»Vkusnoto Kebapche« heißt auf Bulgarisch »Leckere Kebapche«. Die Lokalität, die diesen Namen trägt, hält Wort. Obwohl die Einrichtung einfach und auf den ersten Blick wenig einladend aussieht, wird der Kebapche frisch und sogar in doppelter Länge zubereitet.

Die Spezialität kam wahrscheinlich mit den Osmanen Ende des 14. Jahrhunderts nach Bulgarien und schreibt seitdem eine absolute Erfolgsgeschichte. In der neuen Heimat wurde der Kebapche so gut eingebürgert, dass die meisten Bulgaren ihn als ihr Nationalgericht bezeichnen würden. Schon zu Beginn des 20. Jahrhunderts war Sofia berühmt für seine Kebapche-Imbisse und -Bars. Sich schnell auf »ein Dutzend Kebapcheta und kaltes Bier« zu treffen gehört zum Alltag. Nach dem Zweiten Weltkrieg wurde auch die Kebapche-Produktion zentralisiert und verstaatlicht. Doch auch die bis 1989 andauernde sozialistische Karriere des Hackröllchens gestaltete sich glänzend. Es schaffte es an die Spitze der vier Grillgerichte, die in den staatlichen Restaurants serviert wurden, gefolgt von seinem runden Bruder, dem Kyufte (eine Frikadelle), dem Schweinesteak und dem Schaschlik.

Die Hackröllchen werden im »Vkusnoto Kebapche« seit über 40 Jahren angeboten. Hier kann man mit Berühmtheiten der bulgarischen Kunst- und Kulturlandschaft zusammensitzen. Denn die Aufnahmestudios des bulgarischen Fernsehens sind gleich um die Ecke. Moderatoren und Filmemacher, Regisseure und Schauspieler nutzen gerne die Gelegenheit, auf einen leckeren Kebapche vorbeizuschauen – die wahrscheinlich längsten und leckersten der Stadt.

Adresse ul. San Stefano 20, 1504 Sofia Center | ÖPNV Bus 72, 75, 213, Haltestelle pl. Orlov Most | Öffnungszeiten Mo–So 12–22 Uhr | Tipp Läuft man auf der San-Stefano-Straße Richtung Norden, erreicht man den Zaimov-Park. Im westlichen Teil steht eine Holzhütte, das Restaurant »Biraria Darvenoto«, das bei Sofioter Familien sehr beliebt ist.

103 Das Vladigerov-Haus

Ein musikalischer Schatz in Bildern und Noten

Schon das Tor der ehemaligen Familienvilla des Komponisten Pancho Vladigerov deutet auf die Musik hin. Zwei schmiedeeiserne Nachtigallen empfangen den Besucher. Durch den Garten erreicht man den Eingang. Manchmal muss man klingeln, als käme man zu Besuch. Das große Wohnzimmer und ein kleineres Arbeitszimmer mit Flügel dienen heute als Ausstellungsräume. Auf dem Flügel ist ein Foto des Stardirigenten Herbert von Karajan aufgestellt. Darauf steht die handgeschriebene Widmung: »Für meinen lieben Freund Pancho als Andenken an das Klavierkonzert in 1926, aus tiefstem Herzen, Herbert«. Karajan wählte für seinen Abschluss am Wiener Konservatorium das erste Klavierkonzert Vladigerovs. An diesen Moment und seine Bedeutung erinnert das Bild.

Pancho Vladigerov war Komponist, Pianist, Kapellmeister und Hochschullehrer. Ein Stipendium führte ihn nach Berlin. Gleich zweimal gewann er in dieser Zeit den Mendelssohn-Preis. Als musikalischer Direktor wirkte er unter anderem am Deutschen Theater, wo er 1920 bis 1932 für Max Reinhardt arbeitete. Aufgrund seiner jüdischen Abstammung verließ Vladigerov Deutschland 1932 und kehrte nach Sofia zurück. Er war 40 Jahre Professor für Klavier und Komposition an der Nationalen Musikakademie, die heute seinen Namen trägt.

Seinem Enkel ist es zu verdanken, dass das Wohnhaus Vladigerovs 2005 zum Museum wurde. Ausgestellt sind handgeschriebene Noten seiner Kompositionen, darunter die legendäre »Vardar-Rhapsodie«, auch als »Bulgarische Rhapsodie« bekannt. An den Wänden zahlreiche Fotos der klassischen Musikwelt, die meisten mit Widmung: Joseph Marx, Dmitri Shostakovich, Richard Strauss, Sviatoslav Richter, Aram Khachaturian, Zoltán Kodály. Die Liste der Prominenten ist endlos. Nicht nur für Musikliebhaber ist es ein bewegendes Gefühl, diesen besonderen Einblick in das Leben des einflussreichsten bulgarischen Musikers gewährt zu bekommen.

Adresse ul. Yakubitsa 10, 1164 Lozenets, Sofia | ÖPNV Straßenbahn 10, Haltestelle ul. Milin Kamak | Öffnungszeiten Mo, Di, Mi, Fr 10–17 Uhr, Do 13–17, Sa, So geschlossen | Tipp Seit 2015 erwartet die gut sortierte Konditorei »Patisserie Gery« in der ul. Krichim 69 ihre Gäste mit vielen bestechenden Köstlichkeiten.

104 Der Vrana-Park

Wo einst Elefanten hausten

Der Vrana-Park liegt südlich vom Flughafen nahe der Stadtgrenze. Er war einst die Sommerresidenz der Zarenfamilie, die ihre Zeit viel lieber hier als im Königspalast in der Innenstadt verbrachte. 1898 kaufte der spätere Zar Ferdinand I. das beachtliche Grundstück. 1904 ließ er zunächst eine zweistöckige Jägerhütte, zwischen 1909 und 1914 das Schloss bauen.

Besonders großen Wert legte Ferdinand auf die Parkanlage, denn der naturnahe Herrscher hatte eine Schwäche für exotische Fauna und Flora. In den umliegenden Gewächshäusern ließ er zahlreiche fremdländische Pflanzengattungen für den Park ziehen. Neben der beachtlichen Pflanzenwelt beeindruckt der Park zudem mit einer Fontäne, einem Steingarten, pittoresken Seen und Stallungen. In Letzteren lebten jedoch keine Pferde, sondern ein Elefantenpärchen namens Nala und Damaynti. Ferdinand importierte sie 1912 aus dem Hamburger Tierpark Hagenbeck. Die ersten Elefanten Bulgariens wohnten im Vrana-Park, bis sie ihr endgültiges Domizil im Hauptstadt-Zoo bezogen.

Zar Ferdinand verfolgte sein Interesse für die tierische und pflanzliche Natur mit wissenschaftlichem Ehrgeiz. Das brachte ihm im Familienkreis den Spitznamen »schlauer Ferdie« ein. Die Namensgebung des Parks ist seiner Leidenschaft für die Ornithologie geschuldet. Sein Faible für Vögel begann schon im Alter von 13 Jahren. Er hatte die Idee, das Schloss nach derjenigen Vogelart zu benennen, die als erste auf dem Dach landen würde. Der romantische Gedanke führte dann aber zu einem eher profanen Schlossnamen. Der erste gefiederte Besucher war eine Vogelart, die in der Gegend besonders oft vorkommt: eine gewöhnliche Krähe, auf Bulgarisch Vrana.

1998 ging das Anwesen an die Erben, Simeon II. und seine Schwester, zurück, die es der Hauptstadt spendeten. Die Schloss-Besichtigung lässt noch auf sich warten, aber der Park öffnete 2013 seine Tore für Besucher.

Adresse bul. Tsarigradsko shose 381, 1186 Muzey Vrana, Sofia | **ÖPNV** Bus 505, Haltestelle Vrana Park Museum | **Öffnungszeiten** Sa, So 10–16 Uhr | **Tipp** Die ersten Elefanten Bulgariens wurden im Logo des Zoos verewigt – mit königlicher Krone. Sie erinnern an den Gründer des Zoos, Fürst Ferdinand I.

105 Die weiße Panoramabank

Die Seele baumeln lassen auf dem Dach der Welt

Es gibt eine Stelle über dem Pancharevo-See, wo man das Gefühl hat, auf dem Dach der Welt zu sitzen. Auf einer weißen Bank, die auf einem Felsvorsprung steht. Unten der pittoreske See, in der Ferne die Hügel des Vitosha-Gebirges. Diesen atemberaubenden Ausblick wird man so schnell nicht vergessen.

Wer sich auf den Weg zur weißen Bank macht, muss sie auch finden – und das ist nicht ganz einfach. Als Ausgangspunkt eignet sich das östliche Ende der Staumauer, die den nördlichen Teil des Sees überquert. Hier gibt es einen Parkplatz, von dem aus die Wanderung beginnen kann. Ein gepflasterter Weg führt auf der Patriarch-German-Straße am Ostufer des Sees entlang. Doch es gibt im Wald noch einen höher gelegenen Weg, der als Panoramaweg bezeichnet wird. Die Abzweigung dorthin liegt linker Hand – der erste mögliche Weg in den Wald, sobald man den asphaltierten Weg am Parkplatz erreicht hat. Obwohl die Gegend bergig ist, ist die Strecke gut in bequemem Spaziertempo zu bewältigen. Anfangs wird man sich wohl fragen, warum die Strecke Panoramaweg heißt, denn man hat keine Aussicht auf den See. Nach 20 Minuten erreicht man die nächste Kreuzung im Wald. Hier deutet ein auf den Baum gepinselter roter Pfeil in die richtige Richtung, nämlich nach rechts. Nach weiteren 20 Minuten folgt endlich das erste Highlight: ein herrlicher Ausblick auf den Pancharevo-See, den der Volksmund liebevoll »Panchaka« nennt.

Ab hier läuft man oberhalb des Sees am Ostufer entlang. Da man immer wieder einen Ausblick auf den See erhaschen will, wird man die Stelle mit der Bank nach weiteren 20 Minuten kaum verpassen. Sobald der See wieder zu sehen ist, werden Sie die weiße Bank erblicken. Sie steht einladend auf einem Felsplateau. Setzt man sich, scheint die Zeit stillzustehen. Das Panorama ist so überwältigend, dass man dafür keine Worte findet – man muss es schon gesehen haben.

Adresse Pancharevo | ÖPNV von der Metrostation Tsarigradsko Shose (Linie 2) mit dem Bus 1, Haltestelle Banyata Pancharevo | Tipp Am Westufer des Sees liegt ein Ruderclub (»Grebna Baza«). Sein Holzsteg, an dem einige Boote festgemacht sind, eignet sich bestens für ein Päuschen mit den Füßen im Wasser und mit Ausblick auf den Lozen-Berg.

106 Das Wohnhaus der Muse

Ausgangsort der Weltkarriere von Irina Maleeva

Der Stadtteil Lozenets war schon immer die Heimat der Kreativen und der Bohème. An der Ecke Hristo-Smirnenski-Boulevard, Tsanko-Tserkovski-Straße steht ein braunes Haus mit weißen Fenstern. Dort wohnten gleich zwei große bulgarische Schauspielerinnen, Irina Taseva und ihre Tochter Irina Maleeva.

Irina Taseva gehörte zu den Stars des Nationaltheaters in Sofia. Ihre Tochter, Irina Maleeva, schaute oft vom Fenster der Wohnung auf den Ploshtad Zhurnalist (Journalistenplatz) hinunter und träumte von einer Karriere in der weiten Welt. Da ihr Vater italienischer Abstammung war, konnte sie trotz des Reiseverbots im Sozialismus zu ihrem Onkel nach Italien ziehen. Immer wieder kehrte sie nach Sofia zurück, wo sie mit ihrer Mutter viel Zeit hinter den Kulissen des Nationaltheaters verbrachte.

In Italien studierte sie Bühnenbild und Schauspielkunst. Seit dieser Zeit gestaltete sich ihr Leben wie ein Märchen. Sie spielte in vier Filmen von Federico Fellini mit, arbeitete mit Luchino Visconti, spielte unter der Regie von Bernardo Bertolucci und verkörperte in der Shakespeare-Verfilmung »Der Kaufmann von Venedig« von Orson Welles – mit dem Regisseur in der Rolle des Vaters – Shylocks Tochter Jessica.

Nicht nur das Talent, auch die Reize der Schauspielerin waren nicht zu übersehen. Für sie verließen Männer Schönheiten wie Gina Lollobrigida oder Paloma Picasso. Anstelle von Picassos Tochter wurde Maleeva die Liebe und Muse des österreichischen Künstlers Friedensreich Hundertwasser. Sie stand Modell für das bekannte Gemälde »Irinaland über dem Balkan«. Das Original wird heute in einem Museum in Japan ausgestellt. Aber auch Irina Maleeva besitzt ein Exemplar – mit persönlicher Widmung. Inzwischen lebt die Schauspielerin in Los Angeles, ihre Mutter ist 1990 verstorben. Nicht einmal ein Gedenkschild am Haus in Lozenets erinnert heute an die brillanten Darstellerinnen.

Adresse bul. Hristo Smirnenski 32, 1164 Lozenets, Sofia | ÖPNV Straßenbahn 10, 12, 18, Haltestelle pl. Zhurnalist | Öffnungszeiten nur von außen zu besichtigen | Tipp Ein kulinarisches Muss ist das vegan-vegetarische Restaurant »Soul Kitchen« in der ul. Kokiche 13 mit seinen ansprechend angerichteten köstlichen Speisen, die sehr glücklich machen.

107 Die Yan-Bibiyan-Statue

Der erste Fantasy-Kinderklassiker Bulgariens

Der kleine Stadtpark Bukata ist ein typischer, angenehmer Anwohnerpark. Hier kann man das gewöhnliche Leben der Hauptstädter beobachten. Fast in der Mitte, südlich der rot bemalten Fitnessgeräte, steht eine eigenartige Statue des Bildhauers Nikolay Zikov. Sie zeigt einen kleinen Jungen mit einer Krähe auf der Schulter. Hinter seinem Rücken sitzt eine kleine Teufelsgestalt mit spitzen Ohren und kleinen Hörnern.

Bulgarische Kinder wissen sofort, um wen es sich handelt: Der Junge heißt Yan Bibiyan. Sein Freund mit den Hörnern ist das Teufelchen Imp Fyut. Und die Krähe, die später zum Mädchen Iya wird, spielt eine ganz besondere Rolle in ihren gemeinsamen Abenteuern. Am Ende versteht Yan Bibiyan, der einst Tiere quälte und die Schule schwänzte, dass die Güte der wichtigste aller menschlichen Werte ist. Sein langer Weg voller Überraschungen, Magie und sogar einem Flug zum Mond ist hierzulande jedem Kind bekannt.

Die Charaktere sind der Phantasie von Elin Pelin entsprungen. Geboren wurde der Schriftsteller unter dem Namen Dimitar Ivanov Stoyanov. Er nahm das Pseudonym an, als er Bibliothekar an der Universitätsbibliothek von Sofia war. Pelin schrieb Gedichte, Kurzgeschichten und Novellen, die die ländliche Atmosphäre des alten Bulgarien widerspiegelten. Außerdem war er Herausgeber mehrerer Zeitschriften, darunter das Kindermagazin »Veselushka«.

Seine Geschichte von Yan Bibiyan erschien 1933 und war der erste bulgarische Fantasyroman für Kinder. Er wurde verfilmt und in der beliebten Zeitschrift »Daga« (Regenbogen) als Comicserie aufgelegt. 1961 erschien die deutsche Übersetzung unter dem Titel »Yan Bibiyan. Unwahrscheinliche Abenteuer eines Lausbuben«. Die Popularität des Kinderklassikers in Bulgarien ist mit der Beliebtheit der Geschichten von Pinocchio in Italien vergleichbar – nicht minder die des Autors. Heute heißt sogar eine Stadt 24 Kilometer südöstlich von Sofia Elin Pelin.

Adresse Gradina Bukata, 1463 Pette Kyosheta, Sofia | ÖPNV Trolleybus 2, 8, 9, Haltestelle bul. Pencho Slaveykov | Tipp Eine kleine Filiale der beliebten »Sun Moon«-Bäckerei gibt es in der ul. Tsar Asen 80B. An der Hausmauer eine folkloristische Wandmalerei des bekannten Graffitikünstlers Nasimo. Das Graffito »Dar Bozhiy« (»Gottes Geschenk«) ist in nur vier Tagen entstanden.

108_Das Yo Music

Schnell ein paar Balkanton-Klassiker abstauben

Das »Yo Music« ist ein von Technik- und Musikfreaks betriebenes Secondhand-Musikgeschäft für alles. Man findet hier Kassetten, Walkmen, Kassettendecks, alte Plattenspieler und viele Ersatzteile für Abspielgeräte, die es schon lange nicht mehr auf dem Markt gibt. Und natürlich auch zahlreiche gebrauchte Schallplatten. Viele von ihnen wurden vom bulgarischen Schallplattenlabel Balkanton veröffentlicht.

Balkanton war das staatliche Label Bulgariens und wurde 1952 in Sofia gegründet. Musik wurde hierzulande immer großgeschrieben. Und so wurde das Nationallabel selbst im Kommunismus stets fortschrittlich ausgerüstet. 1972 erhielt Balkanton eine in England gekaufte Mehrkanal-Ausrüstung, zehn Jahre später eine eigene Anlage für digitale Aufnahmen. Vielseitig bediente das Label alle Aspekte der Musikproduktion. Es gab Aufnahmestudios, Vinylproduktion, und sogar die Cover der Platten wurden beim Label gedruckt. Mitte der 1980er Jahre erreichte die jährliche Produktion eine Stückzahl von neun Millionen Schallplatten. Neben Vinyl stellte Balkanton auch Musikkassetten her. Die Musikpalette des Labels bediente ein breites Spektrum: Pop, Unterhaltungsmusik, Volksmusik, Klassik, Kirchenmusik oder Oper. Weltbekannte bulgarische Opernsänger wie Boris Christoff oder Nicolai Ghiaurov und ihre Kollegen Nicola Ghiuselev oder Raina Kabaivanska verewigten ihre Virtuosität auf Balkanton-Schallplatten. Die immense Musikbibliothek von Balkanton wurde 2008 sogar auf der UNESCO-Konferenz in Sofia als immaterielles Kulturerbe thematisiert.

Derzeit digitalisiert das Label seine alten Aufnahmen und kooperiert mit internationalen Musikgiganten. Das Vinyl von einst gibt es nur noch in kleinen Musikgeschäften wie dem Yo Music. Neben den bulgarischen Klassikern findet man hier auch andere musikalische Kuriositäten aus dem ehemaligen Ostblock und aus der ganzen Welt.

Adresse ul. Knyaz Boris I 134, 1000 Sofia Center | ÖPNV Metro M 1, M 2, Haltestelle Serdika | Öffnungszeiten Mo–Fr 10–19 Uhr, Sa 11–17 Uhr, So geschlossen | Tipp Wer es aufgeräumter mag, läuft etwa zehn Minuten zu »Catch a Fire« in der ul. Angel Kanchev 24 – sehr große Auswahl, viel Fachwissen, fast neuwertige Platten. Der Laden teilt sich die Räumlichkeiten mit dem Designshop »Jelanié«.

109 Der Zentralfriedhof

Picknick am Grab in tiefer Verbundenheit

Friedhöfe erzählen viel von der Geschichte einer Stadt. Auf dem Sofioter Zentralfriedhof (nach dem Stadtteil auch Orlandovtsi-Friedhof genannt) wird sowohl die Multiethnizität als auch die Multireligiosität der Stadt deutlich. Die Parzellen des Friedhofs sind nach Religionen in orthodoxe, katholische, armenische, jüdische und muslimische aufgeteilt, mit jeweils eigenen Gebetshäusern.

Breite, schattige Alleen führen durch die Ruhestätte. Man sieht Eichhörnchen, hier und da streunende Hunde. Dass der Friedhof vernachlässigt wirkt, hat materielle Gründe. Denn das Verhältnis der mehrheitlich orthodoxen Bevölkerung zu ihren Toten ist von tiefer Verbundenheit gekennzeichnet.

Das äußert sich nicht zuletzt in regelmäßigen Gedenkfeiern. Das wichtigste Gebet für den Verstorbenen wird 40 Tage nach dem Tod gesprochen. Nach der orthodoxen Auffassung tritt die Seele dann das erste Mal vor Gott. Die nächste Gedenkfeier findet nach einem Jahr statt, weitere in Jahres- und später Fünfjahresabständen. Jedes Mal werden drei Erinnerungsfeiern abgehalten: eine in der Kirche, eine am Grab und eine zu Hause. Zu diesem Anlass wird Zhito aus gekochten Weizenkörnern mit Nüssen und Zucker aufgetischt und Rotwein getrunken. Als Opfer wird beides auf dem Grab angerichtet, der Wein zusätzlich in die Erde um das Grab herum gegossen. Diese Zeremonie – so etwas wie ein Picknick mit dem Verstorbenen – kann man auf dem Zentralfriedhof häufig beobachten. An einigen Gräbern wurden für diesen Zweck sogar kleine Tische angebracht.

Etwas geselliger, häufig mit Musik, fallen die Gedenkfeiern der Roma aus. Ihre oft überdachten Gräber im muslimischen Areal (Parzelle 42) sind leicht zu erkennen: Beidseitige mannshohe Abbildungen auf dunklen Granitgrabsteinen zeigen den Verstorbenen mit den gängigen Statussymbolen – wie Handy und teurem Auto – oder einfach am Tisch sitzend, dabei trinkend und rauchend.

Adresse ul. Kamenodelska 11, 1225 Tsentralni Sofiyski Grobishta, Sofia | ÖPNV Straßenbahn 18, Haltestelle Hladilen Zavod | Öffnungszeiten Mo–So 8–17 Uhr | Tipp Es gibt sogar eine getrennte Parzelle für Piloten (Parzelle 89) – mit dem bescheidenen Grab von Dimitar Spisarevski, der während der Bombardierung Sofias am 20. Dezember 1943 einen B-24-Bomber zerstörte, indem er absichtlich hineinflog.

110 Die Zlatnite Mostove

Ein Fluss aus Stein

Die Zlatnite Mostove (»Goldene Brücken«) sind ein einzigartiges Naturphänomen: Es handelt sich um Steinflüsse, die aus zahlreichen grauen, runden Felsbrocken gebildet wurden. Die Steine sind sehr groß, einige haben einen Durchmesser von bis zu vier Metern. Von Weitem sehen sie wie dunkle Lavaflüsse aus. Unter ihnen plätschert das Wasser des Gletschers, was ihnen die Bezeichnung »Brücken« bescherte. Die längste Brücke ist mehr als zwei Kilometer lang und 50 Meter breit. Der Geröllhang »fließt« von 1.700 Metern über dem Meeresspiegel hinunter auf 1.350 Meter.

Warum die Felsbrocken »golden« genannt werden, dafür gibt es gleich mehrere Erklärungen. Der Legende nach hat man hier einst Gold gewaschen. Doch wahrscheinlich stammt die Bezeichnung von dem natürlichen Goldschimmer der Steine, für den eine gelbgrüne Flechtenart verantwortlich ist. Die Steinflüsse bildeten sich im Tal des Vladayska-Flusses, der von dieser Stelle aus nach Sofia fließt.

Das seltene geologische Phänomen stammt aus der Eiszeit. Die Rundungen der Steine sind der Witterung, dem Wasserfluss und wahrscheinlich der Schwerkraft geschuldet. Die gigantischen Felsbrocken sind auch ein Grund dafür, dass das Vitosha-Gebirge 1934 zum ersten Naturschutzgebiet Bulgariens erklärt wurde. Die Pflanzen- und Tierwelt ist vielfältig. Rund 500 Sorten Süßwassertang, 805 Pilz- und 360 Moos-Arten sind hier registriert. Um die 200 Vogelarten wurden im Naturreservat über das Jahr gesichtet, von denen 120 auch hier nisten. Wildschweine, Hirsche, Rehe, Wölfe und Bären haben hier ebenfalls ein Zuhause gefunden.

Die Zlatnite Mostove sind mit dem Auto oder dem Bus 63 leicht erreichbar. Auch deshalb sind sie ein beliebter Ausflugs- und Picknickort. Zusätzlich sind sie ein günstiger Ausgangspunkt für Wandertouren, zum Beispiel zum höchsten Gipfel des Vitosha-Gebirges, zum Cherni Vrah, oder zum Fernsehturm am Kopitoto.

Adresse 1616 Vitosha, Sofia | **ÖPNV** Bus 63, Haltestelle Zlatnite Mostove | **Tipp** Das Bistro »Zlatnite Mostove« ist eine einfache, schön gelegene Holzhütte – gut für eine kleine Erfrischung und Stärkung.

111 Die Zona Urbana

Ein Upcycling-Paradies, das es nur in Sofia geben kann

Erst vor Kurzem ist das kleine Geschäft neben die belebte Fußgängerzone gezogen. Beim ersten Blick in das Schaufenster kann man nur schwer einordnen, was genau hier verkauft wird. Umso größer ist die Neugierde, sich die Sachen genauer anzusehen. Wer den Laden mit dem Namen »Zona Urbana« betritt, findet sich augenblicklich in einem Upcycling-Paradies wieder, das es so wohl nur in Sofia geben kann.

Das Re- und Upcyceln von alten Materialien ist nichts Neues. Was dieses Geschäft einzigartig macht, sind die Materialien, die es für seine Produkte nutzt. Irgendwie haben alle etwas mit Sofia zu tun – mehr mit der Vergangenheit als mit der Gegenwart. Sofort stechen die Namen von alten kommunistischen Tageszeitungen in kyrillischer Druckschrift ins Auge: »Rabotnichesko Delo« (Bulgarien) oder »Prawda« (Sowjetunion). Aus den Tageszeitungen wurden Geldbörsen, Notizbücher, Brillenetuis und vieles mehr. Den Wiederverwertungsmöglichkeiten sind keine Grenzen gesetzt. Man kann auch den Stadtplan von Sofia als Handtasche spazieren tragen. Oder eine Sporttasche in Form einer für Sofia typischen Straßenbahn erwerben. Alle Produkte sind Unikate und handgemacht. Etwas kostspieliger sind die Taschen, die aus altem Vinyl des bulgarischen Labels Balkanton gefertigt wurden. Es gibt sie in der Größe von Langspielplatten und von Singles.

Yuli Kirilov ist das Mastermind hinter diesen Ideen. Bereits 2004 begann er, alten Materialien eine neue Bestimmung zu geben. Doch zunächst ließ der Erfolg auf sich warten. Vielleicht war es damals noch zu früh für Sofia. Einige Jahre später wurde dann auch die bulgarische Hauptstadt von Billigfluglinien angeflogen, und so kamen junge Touristen aus ganz Europa in die Stadt. Ein Highlight seit der Eröffnung war der Besuch der französischen Sängerin Zaz alias Isabelle Geffroy im Geschäft – besonders Kirilovs Geldbörsen und Armbänder sagten ihr zu.

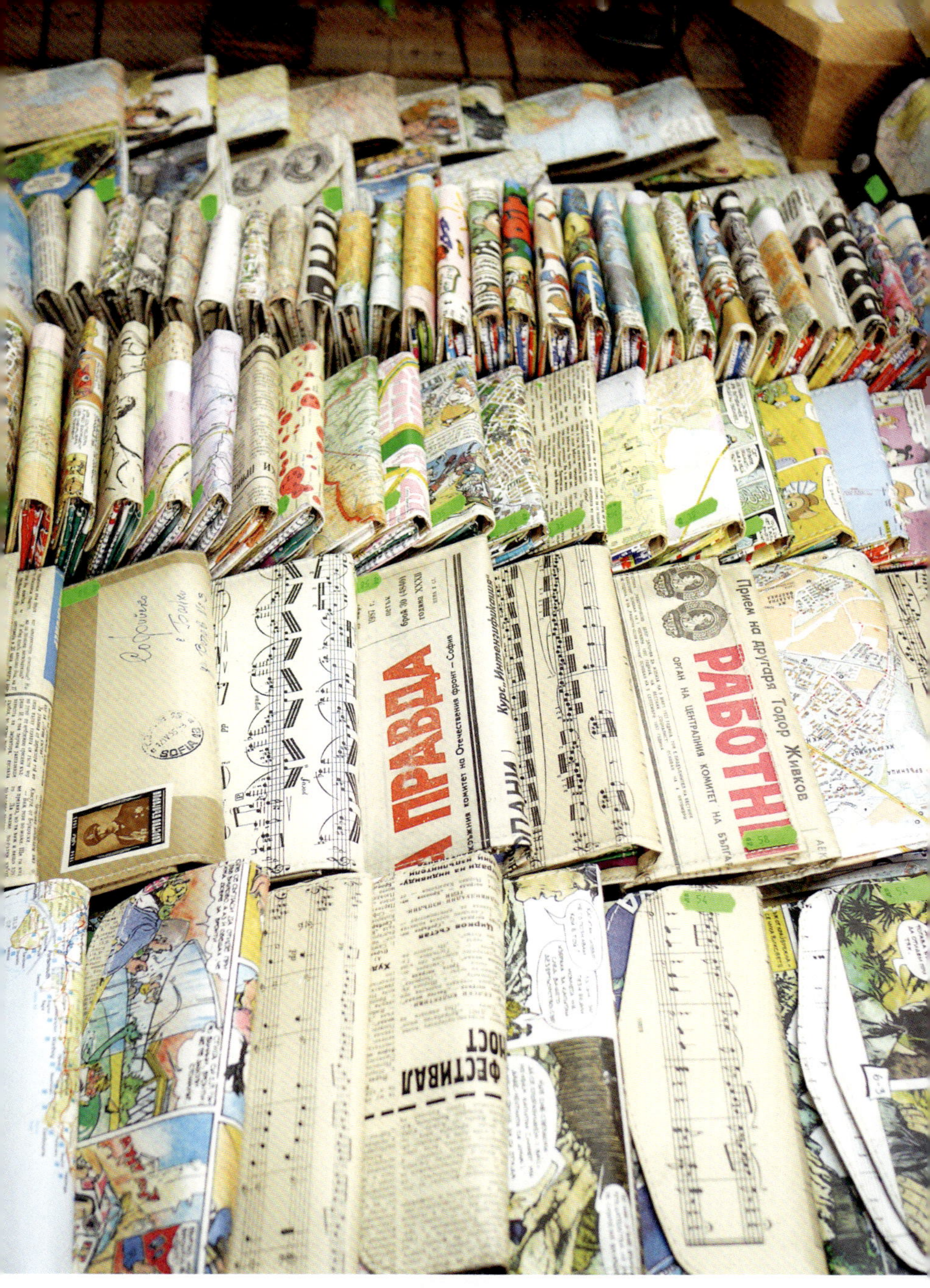

Adresse bul. Patriarh Evtimiy 66, 1000 Sofia | **ÖPNV** Metro M 1, M 2, Haltestelle NDK | **Öffnungszeiten** Mo – Sa 10 – 19 Uhr | **Tipp** Urban geht es auch beim Foodtruck der Street Chefs in der ul. Angel Kanchev 22 zu. Aus dem silbernen Retro-Wohnwagen servieren die Köche verdammt gute Burger, Steaks, Fritten und Craftbeer.

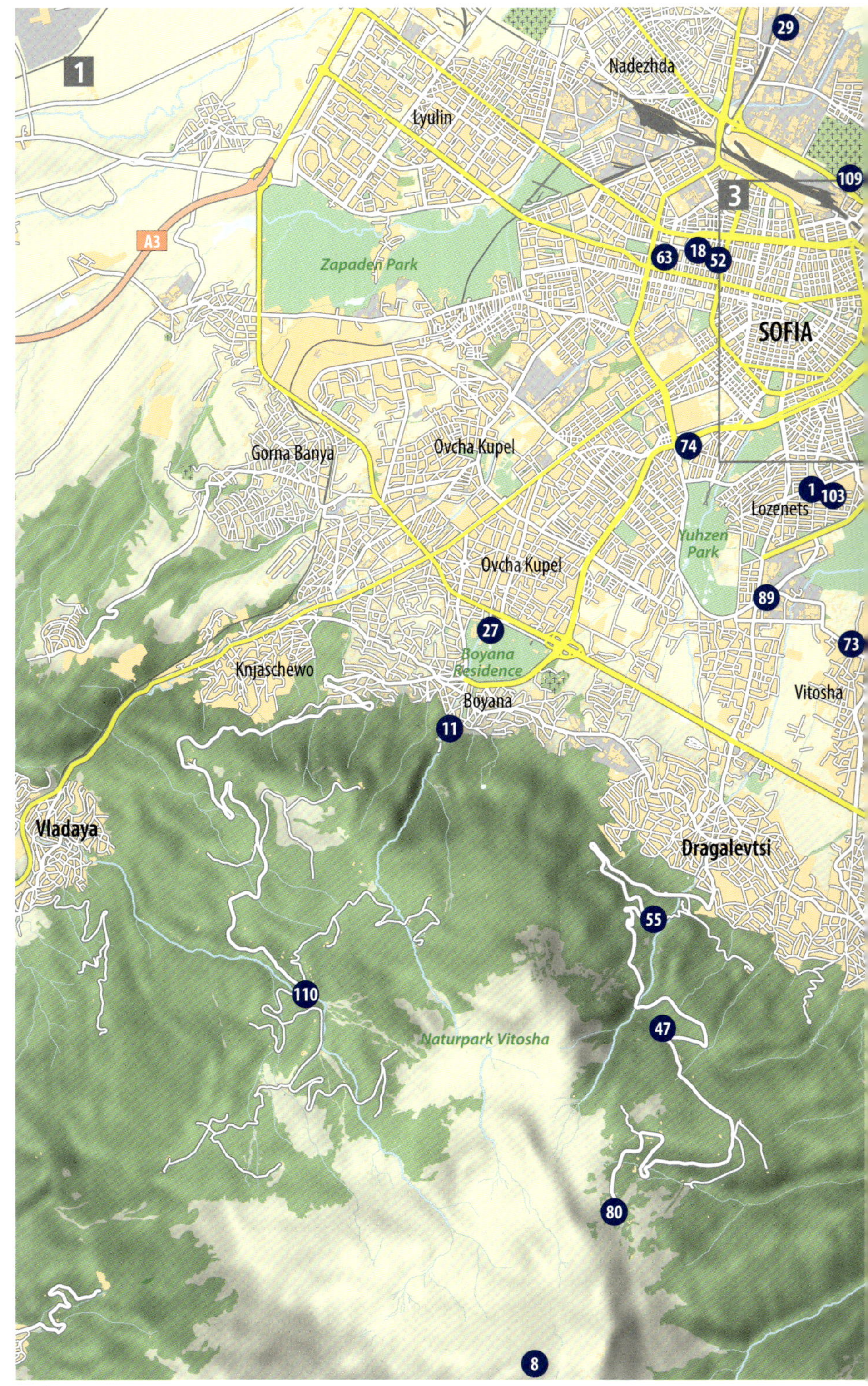

1
A3
Nadezhda
Lyulin
3
Zapaden Park
SOFIA
Gorna Banya
Ovcha Kupel
Lozenets
Yuhzen Park
Ovcha Kupel
Boyana Residence
Knjaschewo
Boyana
Vitosha
Vladaya
Dragalevtsi
Naturpark Vitosha
29
109
63
18
52
74
1
103
89
27
73
11
55
110
47
80
8

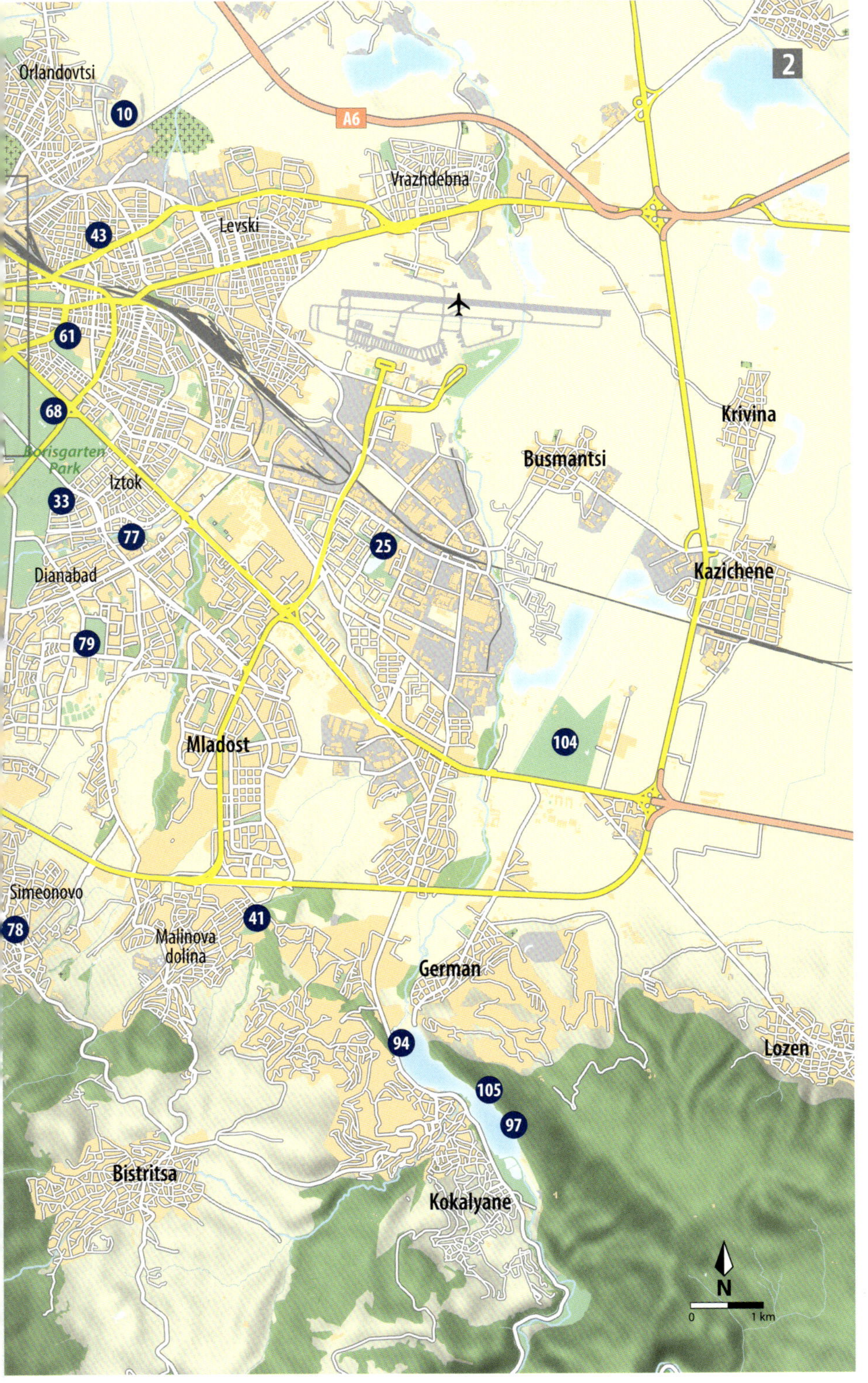
2
Orlandovtsi
10
A6
Vrazhdebna
43
Levski
61
68
Borisgarten Park
Iztok
33
77
Dianabad
79
25
Krivina
Busmantsi
Kazichene
Mladost
104
Simeonovo
78
41
Malinova dolina
German
94
Lozen
105
97
Bistritsa
Kokalyane
N
0
1 km

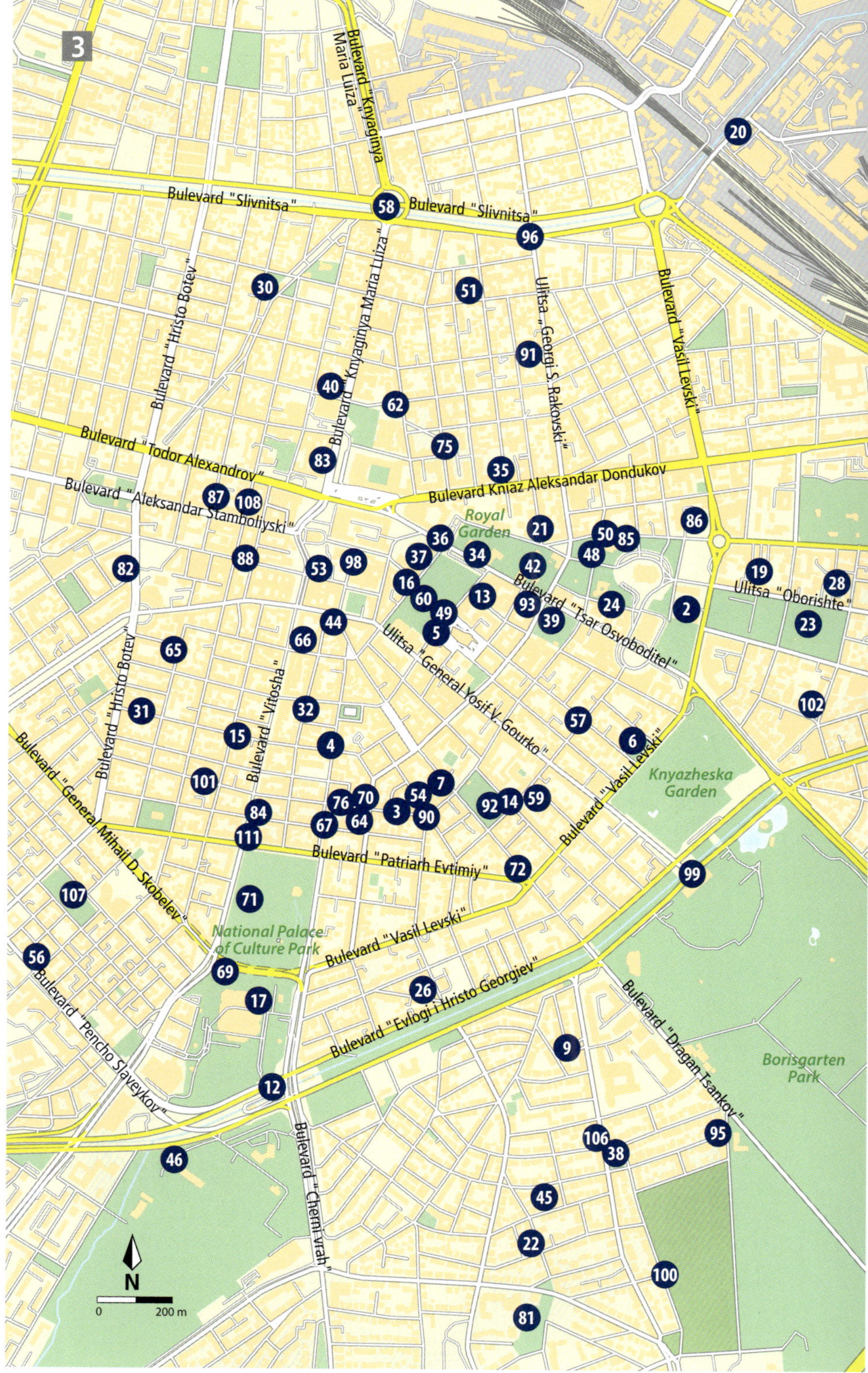
3
Bulevard "Knyaginya Maria Luiza"
Bulevard "Slivnitsa"
Bulevard "Slivnitsa"
Bulevard "Hristo Botev"
Bulevard "Knyaginya Maria Luiza"
Ulitsa "Georgi S. Rakovski"
Bulevard "Vasil Levski"
Bulevard "Todor Alexandrov"
Bulevard "Aleksandar Stamboliyski"
Bulevard Kniaz Aleksandar Dondukov
Royal Garden
Bulevard "Tsar Osvoboditel"
Ulitsa "Oborishte"
Ulitsa "General Yosif V. Gourko"
Bulevard "Hristo Botev"
Bulevard "Vitosha"
Knyazheska Garden
Bulevard "Vasil Levski"
Bulevard "General Mihail D. Skobelev"
Bulevard "Patriarh Evtimiy"
National Palace of Culture Park
Bulevard "Vasil Levski"
Bulevard "Evlogi i Hristo Georgiev"
Bulevard "Dragan Tsankov"
Borisgarten Park
Bulevard "Pencho Slaveykov"
Bulevard "Cherni vrah"
N
0
200 m

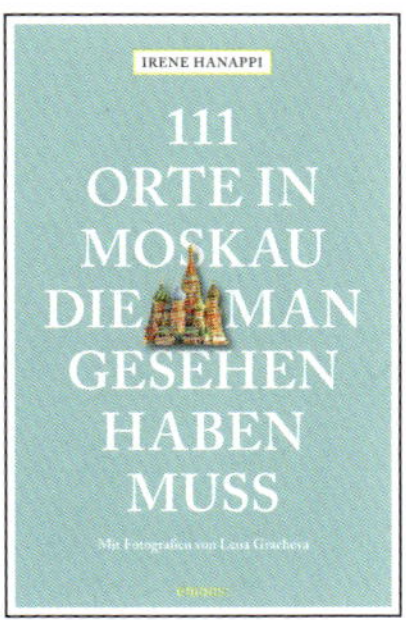

Irene Hanappi
111 Orte in Moskau, die man gesehen haben muss
ISBN 978-3-7408-0993-5

Lena Schraml
111 Orte in Krakau, die man gesehen haben muss
ISBN 978-3-7408-1087-0

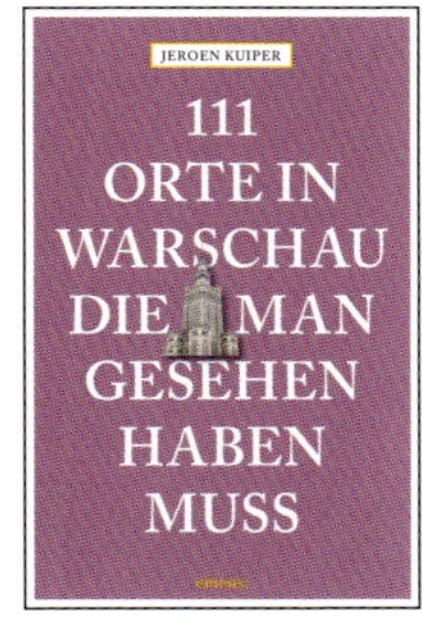

Jeroen Kuiper
111 Orte in Warschau, die man gesehen haben muss
ISBN 978-3-7408-0978-2

Matěj Černý, Marie Peřinová
111 Orte in Prag, die man gesehen habe muss
ISBN 978-3-95451-927-9

Dorothee Fleischmann, Carolina Kalvelage
111 Orte in Budapest, die man gesehen haben muss
ISBN 978-3-7408-0877-8

Veronika Wengert
111 Orte in Slowenien, die man gesehen haben muss
ISBN 978-3-7408-1083-2

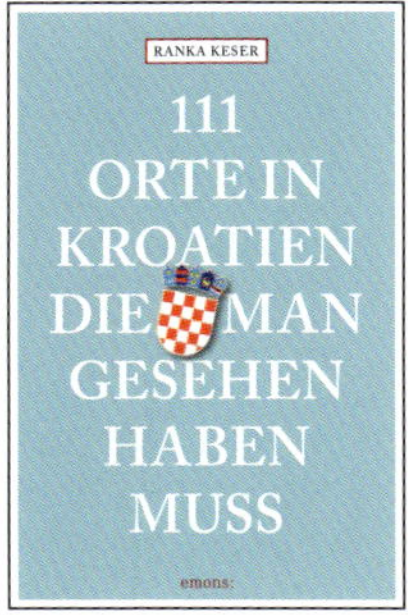

Ranka Keser
111 Orte in Kroatien, die man gesehen haben muss
ISBN 978-3-7408-0557-9

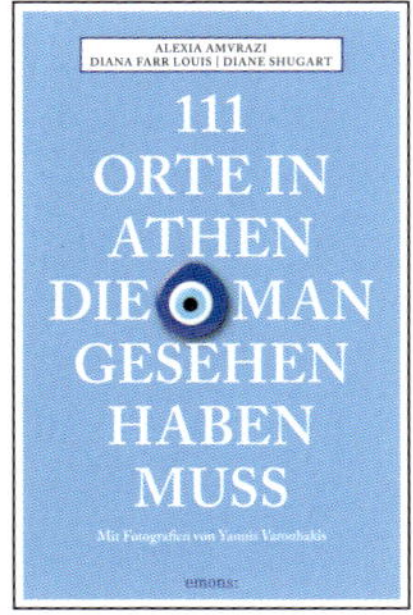

Alexia Amvrazi, Diana Farr Louis, Diane Shugart
111 Orte in Athen, die man gesehen haben muss
ISBN 978-3-7408-0560-9

Cornelia Ziegler
111 Orte auf Kreta, die man gesehen haben muss
ISBN 978-3-95451-540-0

Maria Tsoukis
111 Orte auf Korfu, die man gesehen haben muss
ISBN 978-3-7408-1065-8

Marcus X. Schmid
111 Orte in Istanbul, die man gesehen haben muss
ISBN 978-3-95451-333-8

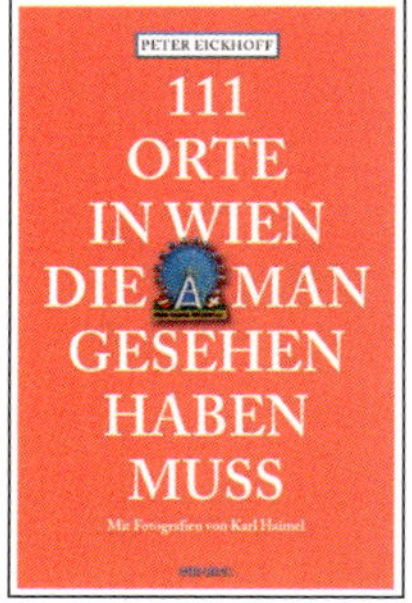

Peter Eickhoff
111 Orte in Wien, die man gesehen haben muss
ISBN 978-3-7408-1521-9

Annett Klingner
111 Orte in Rom, die man gesehen haben muss
ISBN 978-3-95451-219-5

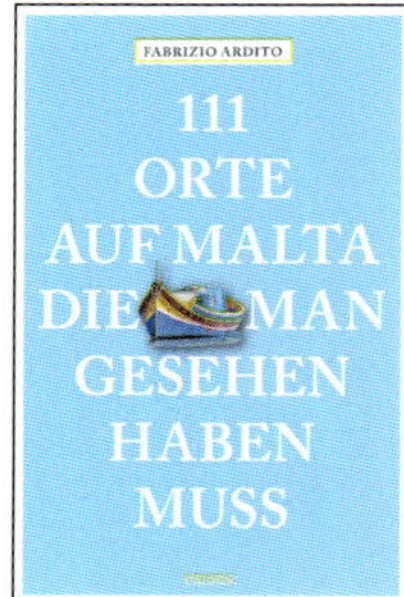

Fabrizio Ardito
111 Orte auf Malta, die man gesehen haben muss
ISBN 978-3-7408-0356-8

Giulia Castelli Gattinara
111 Orte in Mailand, die man gesehen haben muss
ISBN 978-3-7408-0739-9

Oliver Schröter
111 Orte in Zürich, die man gesehen haben muss
ISBN 978-3-95451-538-7

Cornelia Lohs
111 Orte in Bern, die man gesehen haben muss
ISBN 978-3-7408-1385-7

Katharina Hohmann,
Fritz von Klinggräff,
Ambroise Tièche
111 Orte in Genf, die man gesehen haben muss
ISBN 978-3-7408-0835-8

Sybil Canac, Renée Grimaud, Katia Thomas
111 Orte in Paris, die man gesehen haben muss
ISBN 978-3-95451-847-0

Hilke Maunder
111 Orte in Toulouse, die man gesehen haben muss
ISBN 978-3-7408-1091-7

Rolando Grumt Suárez
111 Orte in Barcelona, die man gesehen haben muss
ISBN 978-3-7408-0994-2

Rüdiger Liedtke
111 Orte auf Mallorca, die man gesehen haben muss
ISBN 978-3-7408-0871-6

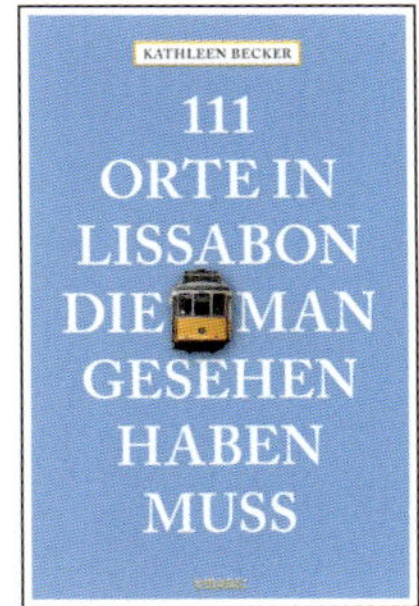

Kathleen Becker
111 Orte in Lissabon, die man gesehen haben muss
ISBN 978-3-7408-0244-8

Patricia Szilagyi
111 extreme Orte in Europa, die man gesehen haben muss
ISBN 978-3-7408-0863-1

Joscha Remus
111 Orte in Luxemburg, die man gesehen haben muss
ISBN 978-3-7408-0363-6

Kay Walter, Rüdiger Liedtke
111 Orte in Brüssel, die man gesehen haben muss
ISBN 978-3-7408-0128-1

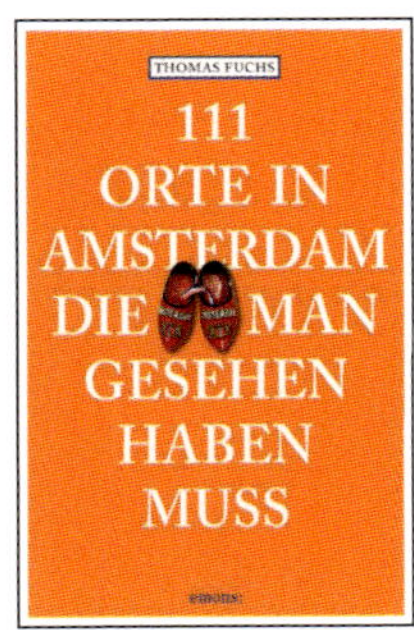

Thomas Fuchs
111 Orte in Amsterdam, die man gesehen haben muss
ISBN 978-3-95451-209-6

John Sykes
111 Orte in London, die man gesehen haben muss
ISBN 978-3-7408-0970-6

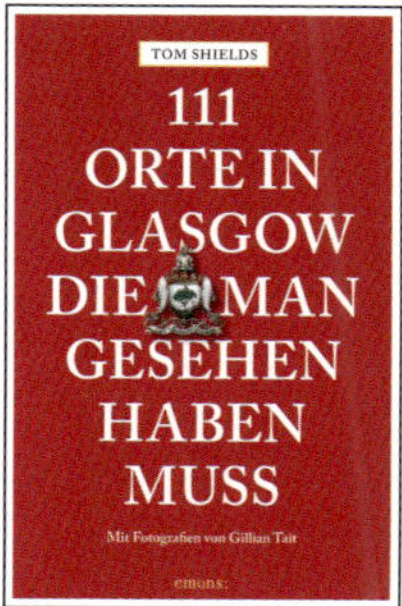

Tom Shields
111 Orte in Glasgow, die man gesehen haben muss
ISBN 978-3-7408-0386-5

Gillian Tait
111 Orte in Edinburgh, die man gesehen haben muss
ISBN 978-3-7408-0476-3

Frank McNally
111 Orte in Dublin, die man gesehen haben muss
ISBN 978-3-95451-853-1

Lucia Jay von Seldeneck
111 Orte in Berlin, die man gesehen haben muss
ISBN 978-3-7408-1097-9

Jan Gralle, Vibe Skytte
111 Orte in Kopenhagen, die man gesehen haben muss
ISBN 978-3-7408-0243-1

Christiane Bröcker, Babette Schröder
111 Orte in Stockholm, die man gesehen haben muss
ISBN 978-3-95451-203-4

Tarja Prüss
111 Orte in Helsinki, die man gesehen haben muss
ISBN 978-3-7408-0342-1

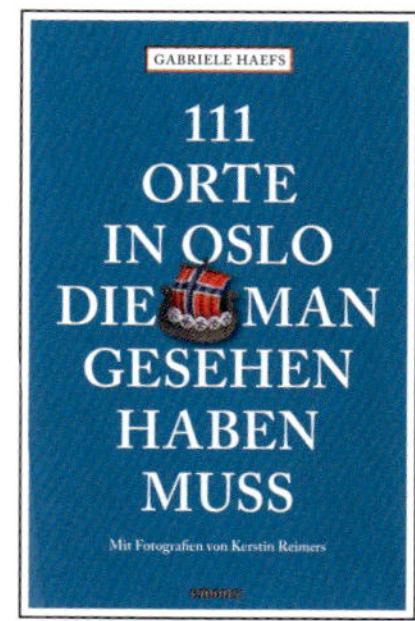

Gabriele Haefs
111 Orte in Oslo, die man gesehen haben muss
ISBN 978-3-7408-1088-7

Kai Oidtmann
111 Orte in Island, die man gesehen haben muss
ISBN 978-3-95451-829-6

Nicole Beste-Fopma, Alexandra Steffens-Klein
111 Orte in Shanghai, die man gesehen haben muss
ISBN 978-3-7408-1299-7

Annett Klingner
111 Orte in Dubai, die man gesehen haben muss
ISBN 978-3-7408-0647-7

Andrea Livnat
111 Orte in Tel Aviv, die man gesehen haben muss
ISBN 978-3-7408-0725-2

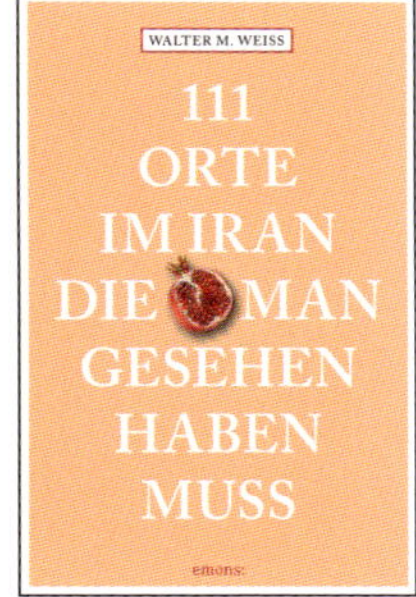

Walter Weiss
111 Orte im Iran, die man gesehen haben muss
ISBN 978-3-7408-0402-2

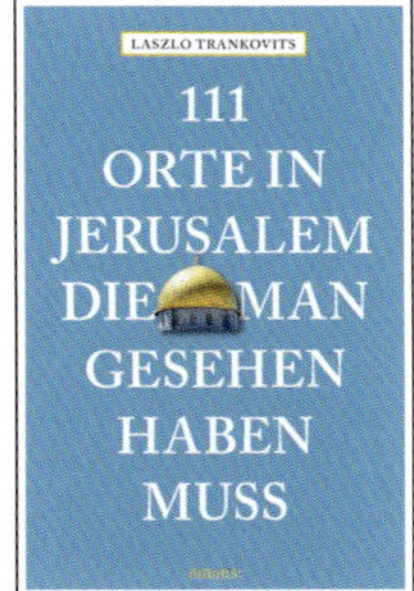

Laszlo Trankovits
111 Orte in Jerusalem, die man gesehen haben muss
ISBN 978-3-7408-0390-2

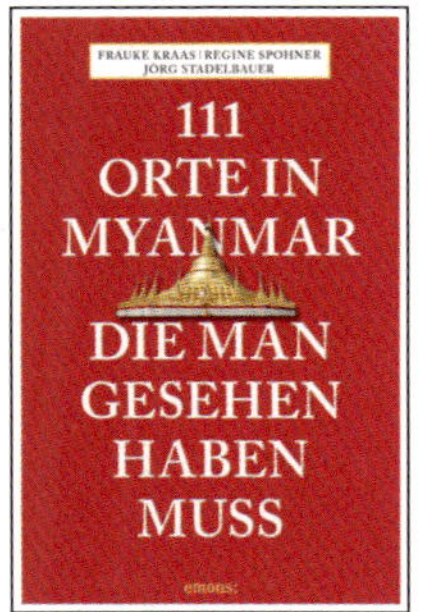

Frauke Kraas, Regine Spohner, Jörg Stadelbauer
111 Orte in Myanmar, die man gesehen haben muss
ISBN 978-3-7408-0149-6

Christoph Hein, Sabine Hein
111 Orte in Singapur, die man gesehen haben muss
ISBN 978-3-7408-0337-7

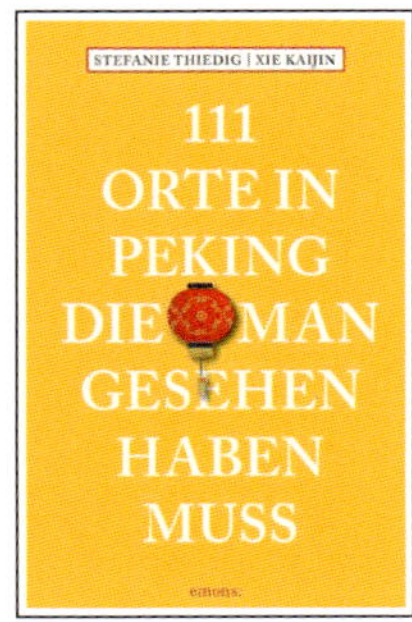

Stefanie Thiedig, Xie Kaijin
111 Orte in Peking, die man gesehen haben muss
ISBN 978-3-7408-0250-9

Julia Csabai ist Autorin und Regisseurin. Aufgewachsen ist sie in den Heimatstädten ihrer Eltern, Budapest und Sofia. Die Sehnsucht ihrer bulgarischen Mutter und der Alltag ihrer bulgarischen Großeltern prägten ihre Liebe zu Sofia. Sie lebt seit 1989 in Berlin, wo sie Publizistik, Nordamerikastudien und Englische Philologie studierte. Sie arbeitete als Berlin-Korrespondentin für den ungarischen Hörfunk, als freie Kulturjournalistin und ist seit 1999 als Fernsehjournalistin und Filmemacherin tätig. Sie ist Autorin des Buches »Allerletzter Aufruf Tegel – Geschichten vom tollsten Flughafen der Welt« (2020).

Daliani Georgieva Georgieva wurde in Budapest geboren. Hier lebte sie mit ihren bulgarischen Eltern, bevor sie mit 17 nach Sofia zog. Schon seit der Kindheit lernte sie von ihrer Mutter, einer Fotografin, die Welt durch den Sucher eine Kamera zu beobachten. Sie studierte an der Nationalen Kunstakademie in Sofia.